교회 안의
작은 교회 이야기

소그룹 사역 안내서

교회 안의
작은 교회 이야기
소그룹 사역 안내서

초판발행 2024년 1월 10일
지 은 이 김종우 목사
발 행 처 코이디아
출   판 도서출판 지혜로운
출판등록 2011년 11월 10일 제327-2011-08호
주   소 부산광역시 북구 의성로122번길 27
문   의 김정희 전도사 010.9385.1513
이 메 일 koidiakim@gmail.com

ISBN 979-11-86247-12-9
@ 김종우 2024

교회 안의
작은 교회 이야기

소그룹 사역 안내서

김종우 저

코이디아

Contents

한국교회는 20세기 중후반에 세계교회 가운데 최단시간에 폭발적으로 성장했다. 그러나 21세기에 접어들면서 성장 둔화를 거쳐 마이너스 성장의 위기에 처하게 되었다. 거기에는 여러 가지 이유가 있을 것이다. 하지만 가장 근본적인 원인 한 가지를 들라고 하면 단연 교회론의 빈약이라고 할 수 있다.

감당할 수 없을 정도로 양적인 팽창과 성장을 거듭하면서 교회의 본질과 바른 교회의 모습이 어떤 것인지에 대한 고민이 상대적으로 적었던 것이 사실이다. 그 결과 비대해진 덩치에 비해 교회의 건강지수는 형편없는 지경에 이른 것이다. 당연히 각종 문제점이 드러날 수밖에 없다. 이제는 시급하게 치유하지 않으면 안 될 상황에 이르렀다.

어떻게 해야 할까? 답은 의외로 간단하다. 교회가 무엇인지를 명확히 알기만 하면 모든 문제점이 개선될 수 있다. **성경이 말하는 교회의 정체성은 무엇인가?** 그것이 분명히 정립되어야 한다. 그렇지 않으면 교회가 나아가야 할 방향이 희미해지고 우왕좌왕하게 된다. 본질적인 사역을 제쳐두고 비본질적인 일에 매달리게 된다. 중요하지 않은 일들로 세월을 허비하게 되고 교회의 건강지수는 점점 더 나빠진다.

'교회가 무엇인가?' 이 물음은 우리가 끊임없이 묻고 답해야 하는 근본적인 질문이다. '성경적 교회는 어떤 모습인가?', '하나님께서 기뻐하시는 교회는 어떤 교회인가?', '그것을 위해 목숨을 걸어도 전혀 아깝지 않을 교회의 모습은 어떤 것인가?' 이런 질문은 우리가 항상 묻고 답할 수 있어야 한다.

위기가 곧 기회라는 말이 있다. 오늘날 교회의 위기 상황들은 잘 대처하기만 하면 오히려 기회가 될 수 있다. 교회의 위기는 어디서 왔는가? 그 원인을 교회 밖에서 찾을 수도 있을 것이다. 그러나 외부의 상황은 시대마다 다른 양상이기는 해도 교회에 대하여 언제나 호의적이지 않았다. 교회는 처음부터 그런 세상에 탄생했으며 그 속에서 왕성한 생명력으로 살아남고 성장해 왔다. 오늘날 교회가 처한 위기의 원인을 교회 밖 세상의 시대사조時代思潮나 풍조風潮에서 찾아서는 답이 없다. 그것은 오히려 교회의 체질과 체력에서 찾아야 한다. 감기에 잘 걸리는 원인을 공기 중에 있는 감기 바이러스 탓으로 돌려버리면 해결책이 없다. 오히려 우리 몸의 면역력이 약해졌음을 알고 그것을 개선해야 문제가 해결되는 것과 같다.

　교회의 체력과 면역력이 떨어지고 그 생명력이 약해진 원인은 무엇일까? 그것은 교회가 교회로서의 본 모습을 잃어버렸기 때문이다. 그동안 성장주의 이데올로기에 매몰되어서 교회가 교회답지 못한 방향으로 비대해진 결과 여러 가지 병적인 모습들이 나타났고 급기야 심각한 위기상황까지 이르렀다.

　이 위기상황에서 벗어날 수 있는 유일한 대안은 교회다운 교회가 되는 것이다. 교회다운 교회가 된다는 것은 사람이 보기에 번듯한 교회가 아니라 하나님이 기뻐하시는 교회, 성경이 말하는 교회로 돌아가는 것이다.

　교회가 성장주의 이데올로기의 노예가 되면 반드시 교회의 본질을 놓쳐버리게 된다. '바른 교회'를 추구하기보다 '큰 교회'를 추구하게 된다. 양量을 추구하는 '큰 교회 이상理想'을 품고 나아가면 필연적으로 교회의 질質은 떨어진다. 교회가 혹 양적으로는 성장할지라도 질적으로는 교회답지 못한 교회가 될 수밖에 없다. 그러나 '바른 교회 이상'을 지향한다면 교회의 질은 반드시 향상되고 따라서 자연스럽게 양적으로도 성장한다. 그러므로 바른 교회, 교회다운 교회를 추구하는 것이 교회가 위기를 벗어나는 길이며 다시 사는 길이라는 것은 명백한 사실이다.

각 지역의 모든 교회가 교회다운 교회, 하나님이 기뻐하시는 교회, 성경적 교회가 되면 세상은 교회를 다시 볼 것이다. 교회가 교회다워질 때 모든 위기 상황을 타개하고 하나님 나라의 확장이라는 지상명령을 훌륭하게 감당해 낼 수 있게 된다.

우리가 성경을 엄밀히 검토하며 교회다운 교회가 어떤 모습인지를 끊임없이 확인하고 그런 교회를 위해 헌신할 때 이 땅에 하나님의 교회가 아름답게 세워지고 많은 사람을 구원으로 인도하는 빛과 소금의 역할을 감당하게 될 것이다.

나는 이런 문제에 깊은 관심을 가지고 교회를 개척했고 목회 사역에 전념했다. 초창기부터 지금까지 이 일에 함께 뜻을 모아준 성도들을 생각하면 눈물이 나도록 감사하다. 그들은 나와 함께 세상에서 가장 성경적인 교회를 이루어가겠다는 결심과 의지를 불태웠던 아름다운 하나님의 사람들이다. 목회 일선에서 물러나 순회선교사로 사역하고 있는 지금은 그동안 연구하고 경험한 성경적 교회 이야기를 세계의 각 선교지에서 나누며, 또 젊은 목회자들과 나누고 있다.

최근에 젊은 목회자들과 함께 교회다운 교회, 하나님께서 기뻐하시는 교회, 성경적 교회가 어떤 모습일지를 공부하던 중에 책으로 묶어 출판하면 큰 도움이 될 것 같다는 강력한 요구에 떠밀려 이 미숙한 책을 내어놓게 되었다. 그들의 말대로 이 책이 교회를 교회답게 하는 일에 유용하게 사용된다면 가장 큰 기쁨일 것이다. 그들은 이 책이 세상에 나올 수 있도록 훌륭한 산파의 역할을 한 사람들이다. 꼼꼼하게 교정을 봐 주고 조언을 아끼지 않은 권재영 목사님, 김규성 목사님, 김정희 전도사님, 김형욱 목사님, 방태갑 목사님, 양승현 목사님, 이상칠 목사님, 이석환 목사님께 깊은 감사의 마음을 전하며 이들의 사역 위에 주의 은혜가 넘치기를 기도한다.

교회 안의
작은 교회 이야기

소그룹 사역 안내서

1부 교회란 무엇인가?

제**1**장

성경이 말하는 교회

교회는 그냥 생겨난 것이 아니다. 예수 그리스도의 피로 값을 주고 사신 공동체다. 그리스도께서 생명으로 대가를 치르시고 사신 하나님의 소유된 백성들의 공동체다. 교회는 세상의 그 어떤 단체와도 구별된다. 우리는 끊임없이 질문해야 한다. 성경이 말하는 교회의 모습은 어떤 것인가? 하나님께서 원하시는 교회는 어떤 모습인가?

먼저 우리가 무심코 사용하는 "**교회**"라는 단어의 뜻을 좀 더 정확하게 알 필요가 있다.

교회敎會를 영어로는 church라 하고, 독일어로는 kirche, 스웨덴어로는 kyrka라고 한다. 이 단어들의 어원은 신약성경의 언어인 헬라어로 '퀴리아케' *κυριακη, κυριακος* 인데, 그 의미는 '주主께 속한' 혹은 '주主의'라는 뜻이다.[1] 그리고 교회를 라틴어로는 ecclesia라 하고, 스페인어로는 iglesia, 프랑스어로는 eglise라고 한다. 이 말들의 어원은 헬라어 '에클레시아' *ἐκκλησία* 이다.

교회를 church, kirche, kyrka 등으로 표기하는 것은 교회가 '주께 속한 모임'임을 강조하며, ecclesia, iglesia, eglise 등으로 표기하는 것은 '모임'이라는 뜻을 가진 헬라어 '에클레시아'를 문자 그대로 번역한 경우이다. 그리고 '교회敎會'로 번역한 것은 종교적 모임이라는 의미를 살린 것으로 보인다.

사실 헬라어 '에클레시아' *ἐκκλησία* 는 반드시 '주께 속한 공동체'나 '종교적 모임'만을 의미하는 단어는 아니다. 흔히 '교회'로 번역하는 '에클레시아'라는 단어의 의미는 단지 부름받은 사람들의 '모임' 혹은 '집회' 혹은 '공동체'라는 뜻일 뿐이다.[2]

대표적인 예를 들면, 사도행전 19장에 기록된 에베소 소요 사건에

---

1 계1:10, 주의 날에 *ἐν τῇ κυριακῇ ἡμέρᾳ* 고전11:20, 주의 만찬 *κυριακὸν δεῖπνον*
2 '에클레시아'라는 헬라어 단어의 본래 의미는 영어로 church가 아니라 assembly, congregation, community이다.

관한 기록의 용례를 말할 수 있다.

> 만일 그 외에 무엇을 원하면 정식으로 **민회**에서 결정할지라.
> 오늘 아무 까닭도 없는 이 일에 우리가 소요 사건으로 책망 받을 위험이 있고
> 우리는 이 **불법 집회**에 관하여 보고할 자료가 없다 하고
> 이에 그 **모임**을 흩어지게 하니라 (행19:39-41)

여기서 39절의 "민회"는 당시 에베소 시민들의 의결기구를 말하는 것이며, 41절의 "모임"은 40절에서 언급한 "불법 집회"를 가리키는 것이다. 여기서 "민회"와 "모임"은 둘 다 '에클레시아' ἐκκλησία라는 단어를 사용하고 있지만, 그것이 교회를 가리키는 것은 아니다. 39절과 41절의 '에클레시아'를 그 누구도 '교회'로 번역하지 않는다.

이처럼 '에클레시아' ἐκκλησία라는 단어는 그 자체로는 '주께 속한 모임', 혹은 '하나님께 부름받은 백성들의 모임'이라는 의미가 아니다. 그냥 부름받은 사람들의 '모임' 혹은 '집회'라는 의미일 뿐이다. 그것은 70인역에서 '에클레시아' ἐκκλησία 혹은 '쉬나고게' συναγωγη로 번역한 구약성경의 히브리어 '카할' קהל이라는 단어도 마찬가지다.[3]

---

3 민수기 16장 3절, 신명기 23장 1, 2, 3, 8절 등에 "여호와의 총회"라는 말이 나오는데 여기서 "총회"로 번역한 단어가 카할 קהל이다. 영어 성경들은 대부분 assembly로 번역하고 일부 congregation이나 community로 번역한다.

신약성경의 '에클레시아' *ἐκκλησία*나 구약성경의 '카할' קָהָל이 하나님의 백성들의 모임인 '교회'라는 의미가 되려면 반드시 "하나님의 교회" *ἐκκλησία τοῦ θεου* 혹은 "여호와의 총회"קְהַל יְהוָה와 같이 그 모임이 하나님께 속한 것임을 나타내는 수식어가 있어야 한다. 고전1:2; 10:32; 고후1:1; 민16:3; 20:4; 신23:2,3,8; 대상28:8; 미2:5 직접적인 수식어가 없다면 문맥상 그 모임 *ἐκκλησία* 혹은 קָהָל이 하나님께 속한 모임이라는 것임이 분명해야 한다. 여기서 우리가 주목해야 할 것은, '모임'보다 중요한 것이 그 '<u>모임의 소속</u>'이라는 사실이다. 에클레시아는 '<u>하나님께 속한</u>' 에클레시아일 때 비로소 교회가 된다.

신약성경에서 '에클레시아' *ἐκκλησία*라는 말이 처음 등장하는 것은 마태복음 16장 18절이다.

> 또 내가 네게 이르노니 너는 베드로라 내가 이 반석 위에
> 내 교회를 세우리니 음부의 권세가 이기지 못하리라 (마16:18)

주님은 그냥 '에클레시아' *ἐκκλησία*를 세우신다고 하시지 않고 "나의 에클레시아" *μου τὴν ἐκκλησίαν*를 세우신다고 하셨다. '나의 공동체모임' 혹은 '내게 속한 공동체'를 세우겠다고 말씀하셨다. '에클레시아'가 '교회'가 아니라 '주님의 에클레시아공동체'가 '교회'다.

고린도전서 1장에서 바울이 교회를 어떻게 표현하는지 보자.

> 고린도에 있는 하나님의 교회 곧 그리스도 예수 안에서 거룩하여지고
> 성도라 부르심을 받은 자들과 또 각처에서 우리의 주 곧 그들과
> 우리의 주 되신 예수 그리스도의 이름을 부르는 모든 자들에게(고전1:2)

바울은 고린도 교회를 가리켜서 그냥 '고린도에 있는 에클레시아'라 하지 않고 '고린도에 있는 **하나님의** 에클레시아'라고 했다.

여기서 우리가 "하나님의 교회" 에클레시아 투 데우 $\epsilon\kappa\kappa\lambda\eta\sigma\iota\alpha\ \tau\omega\^ \theta\epsilon\omega\^$라는 부분을 무심코 읽으면 '에클레시아'라는 단어가 당연히 교회를 가리키는 말로 생각하기 쉽다. 그러나 "하나님의 공동체모임"로 번역해서 읽으면 그 모임 혹은 공동체가 세상에 속한 것이 아니라 하나님께 속한 것이라는 점이 강조되어 있음을 알 수 있다.[4]

하나님의 공동체라는 말은 하나님에 의해서 세워진 공동체이며, 하나님께 속한 공동체이며, 또한 하나님을 위한 공동체라는 의미가 있다. 교회는 단지 사람들이 모인 공동체가 아니다. 하나님에 의해서

---

4 영역 WEB, Darby에서는 이런 점을 의식했는지 이 구절의 "에클레시아 투 데우"를 "the church of God"이라고 하지 않고 "the assembly of God"으로 번역했다.

모인 공동체다. 하나님께서 주권적으로 세우신 공동체이며 하나님께 부름받은 사람들의 공동체가 교회다. 또 교회는 세상에 속하지 않고 하나님께 속한 공동체다. 그러므로 하나님의 공동체인 교회는 세상과 구별되어야 한다. 하나님께 속한 공동체다워야 한다. 그리고 교회는 하나님을 위한 공동체다. 그러므로 교회는 하나님을 섬기는 공동체, 하나님의 뜻을 이루는 공동체, 하나님의 사명을 감당하는 공동체, 하나님의 영광을 드러내는 공동체가 되어야 한다.

이렇게 '주님의 공동체'이며 '하나님의 공동체'인 교회를 성경에서는 어떻게 표현하고 있는지 살펴보자.

교회는 하나님의 집이다

우리는 하나님의 동역자들이요
너희는 하나님의 밭이요 하나님의 집이니라. (고전3:9)

바울은 고린도전서 3장 9절에서 자신과 아볼로를 "하나님의 동역자들"이라고 하고, 교회를 "하나님의 밭"이요 "하나님의 집"이라고 표현한다.

이것은 교회는 하나님의 동역자들이 일하는 하나님의 밭이며, 하나님의 동역자들 이 함께 세워가는 하나님의 건물이라는 뜻이다. 그러니까 교회는 그 누구의 것도 아닌 오직 하나님의 것임을 강조하는 것이다.

여기서 "하나님의 집" 데우 오이코 도메 $\theta\epsilon o\hat{v}$ $oi\kappa o\delta o\mu\acute{\eta}$은 '하나님의 건물'이라는 뜻이다.[5] '오이코도메' $oi\kappa o\delta o\mu\eta$는 에베소서 4장 12절에 서 "그리스도의 몸을 세우려 하심이라"는 구절에서도 건물을 세우는 의미로 사용된다. 고린도 전서 3장 9절의 "하나님의 집건물"과 에베소서 4장 12절의 "그리스도의 몸"은 동일하게 세워져 가는 교회를 가리키는 것이다.[6] 이런 논지는 에베소서 2장 20-22절에서 교회를 가리켜 '함께 세워져 가는 성전'으로

---

5 '오이코도메'는 '오이코스'(집)이라는 단어에 '데모' $\delta\epsilon\mu\omega$ ('세우다', '짓다')가 더해져서 '지음', '세움', '건물', '건축물'이라는 뜻을 가진다. 그래서 '데우 오이코도메'를 개역개정과 표준새번역만 "하나님의 집"이라 번역했고 나머지 모든 한글 번역본들은 "하나님의 건축물", 혹은 "하나님의 건물"로 번역했다. 그리고 모든 영역본도 "God's house"로 번역하지 않고 "God's building"으로 번역했다.

6 엡2:20-22 너희는 사도들과 선지자들의 터 위에 세우심을 입은 자라 $\acute{\epsilon}\pi o\iota\kappa o\delta o\mu\eta\theta\acute{\epsilon}\nu\tau\epsilon s$ 그리스도 예수께서 친히 모퉁잇돌이 되셨느니라 그의 안에서 건물마다 서로 연결하여 주 안에서 성전이 되어 가고 너희도 성령 안에서 하나님이 거하실 처소가 되기 위하여 그리스도 예수 안에서 함께 지어져 가느니라 $\sigma\upsilon\nu o\iota\kappa o\delta o\mu\epsilon\hat{\iota}\sigma\theta\epsilon$

묘사하고 있는 것도 같은 맥락이라 할 수 있을 것이다. 교회는 하나님께서 당신의 종들을 통해 세우시는 하나님의 건물이다. 물론 이 표현이 예배당 건물을 가리키는 말은 아니다. 교회라는 공동체를 건물에 비유한 것이다.

> 만일 내가 지체하면 너로 하여금 하나님의 집에서
> 어떻게 행하여야 할지를 알게 하려 함이니
> 이 집은 살아 계신 하나님의 교회요 진리의 기둥과 터니라. (딤전3:15)

디모데전서 3장 15절에서 "하나님의 집"'오이코 데우' *οἴκῳ θεοῦ*은 당시 디모데가 목회하고 있던 에베소 교회를 가리킨다. 바울은 그 "집"을 "살아계신 하나님의 공동체" 에클레시아 데우 존토스 *ἐκκλησία θεοῦ ζῶντος*라고 설명을 덧붙인다. 살아계신 하나님의 것이며 또 하나님이 함께하시는 공동체라는 말이다. 그리고 바울은 그 "집"을 "진리의 기둥과 터"라고 표현하여 교회가 복음의 진리 위에 세워졌으며 그 진리를 굳건하게 지키고 선양하는 공동체임을 말하고 있다.

> 또한 모세는 장래에 말할 것을 증언하기 위하여
> 하나님의 온 집에서 종으로서 신실하였고,
> 그리스도는 하나님의 집을 맡은 아들로서 그와같이 하셨으니

우리가 소망의 확신과 자랑을 끝까지 굳게 잡고 있으면
우리는 그의 집이라. (히3:5-6)

히브리서 3장 5-6절에서는 모세가 "하나님의 집"에서 "종"으로서 신실하였음에 비해 그리스도는 "하나님의 집을 맡은 아들"로 신실하신 분이라고 소개한다. 여기서 '모세는 하나님의 집 안에서 섬기는 신실한 종'이었지만 '그리스도는 하나님의 집 위에서 다스리는 신실한 아들'이라고 설명한다.[7] "우리가 소망의 확신과 자랑을 끝까지 굳게 잡고 있으면 우리는 그의 집이라."고 했다. 우리가 소망 중에 확신하면서 그리스도께 속한 자라는 자부심을 끝까지 잃지 않는다면 우리는 하나님의 집이다. "우리는 그의 집이라"라는 말씀은 우리가 하나님께 속한 공동체 즉 교회라는 말이다.

이같이 성경은 교회를 하나님의 집오이코스 οικος이라고 표현했다. 이것은 하나님의 공동체인 교회가 모든 삶을 함께하는 한 집안의 거주자들과 같이 친밀한 공동체라는 것을 전제로 한 표현이다.

'하나님의 집'에 거하는 자들은 모두가 각자 받은 은사대로 선한

---

7 "하나님의 집을 맡은 아들로"에서 "맡은"이라는 말은 '위에' (에피 ἐπι)라는 뜻을 가진 단어다.
   이것은 5절의 "모세는 …… 하나님의 온 집에서"라고 할 때 '안에' (엔 ἐν)라는 단어를 사용한 것과 비교된다.

청지기 오이코노모스 $oikonómos$같이 서로 섬기는 자가 되어야 한다. 그렇게 할 때 하나님의 집으로 표현된 교회가 아름답게 세워오이코도메 $oikodomí$ 져 간다.[8]

교회는 하나님의 가족이다

'오이코스'는 일차적으로 '거주하는 집'이라는 의미가 있으며, 그것은 또한 은유적으로 '한 집안에 거주하는 사람들'을 가리키기도 한다. 교회를 "하나님의 집"이라고 표현했을 때 그것은 은유적 의미로 사용되었다. 그러나 성경은 그보다 더 직접적으로 교회를 "가족"오이케이오스 $oikeîos$이라고도 표현하고 있다.

갈라디아서 6장 10절에서 말하는 "가정들"오이케이우스 $oikeíous$과 에베소서 2장 19절에서 말하는 "권속"오이케이오이 $oikeîoi$이라는 단어는 바로 '가족family, household'이라는 의미다.

---

8 오이코노모스 $oikonómos$ (벧전4:10; 눅12:42; 고전4:1), 오이코도메 $oikodomí$
  (엡2:20,22; 엡4:12,16; 롬14:19; 롬15:2; 고전14:12; 살전5:11; 고전14:26)

그러므로 우리는 기회 있는 대로 모든 이에게 착한 일을 하되
더욱 믿음의 가정들에게 할지니라. (갈6:10)

갈라디아서 6장 10절에서는 그리스도인들이 기회가 주어지는 대로 모든 사람에게 착한 일을 해야 한다고 교훈한다. 누구에게나 그 대상을 가리지 않고 선행을 해야 한다는 말이다. 하지만 특히 믿음의 가족들에게 더 잘 해야 한다고 덧붙인다. 우리의 사랑을 누구에게나 베풀어야 하지만, 특히 교회 공동체의 식구들에게 더 잘 해야 하는 것은 너무나 당연한 이치라는 뜻이다. 교회는 가족이기 때문이다. 예수 안에서 한 형제자매가 된 가족을 밀쳐두고 다른 사람에게 사랑을 베풀고 선행을 한다는 것은 우스꽝스러운 일이 아닐 수 없다.

그러므로 이제부터 너희는 외인도 아니요
나그네도 아니요 오직 성도들과 동일한 시민이요
하나님의 권속이라. (엡2:19)

에베소서 2장 19절의 말씀을 보면, 이방인들이 예수 그리스도를 믿음으로 하나님의 공동체인 교회의 일원이 되었으면, "이제부터 너희는 외인도 아니요 나그네도 아니요"라고 한다. "외인"크세노이 ξένοι 은 외국인을 의미하고, "나그네"파로이코이 πάροικοι는 시민의 권리를 가지지

못한 채 잠시 머무르는 사람을 뜻한다. 그러므로 외인과 나그네는 같은 자리에 있어도 그 공동체의 일원이 되지 못한 사람들이다. 바울은 에베소 성도들에게 "이제부터 너희는 외인도 아니요 나그네도 아니라"고 한다. 이어서 "오직 성도들과 동일한 시민이요"라고 한다. 바울은 거기에서 멈추지 않고 "하나님의 권속이라"는 말을 덧붙인다. 하나님 안에서 한 가족이 되었다는 말이다.

이처럼 교회를 '가족'오이케이오스 *oικεîoς*으로 표현한 것은 그 공동체 구성원들이 하나님의 자녀들로서 그만큼 친밀한 관계라는 것을 의미한다. 교회는 한 아버지 하나님으로 말미암아 태어난 영적인 가족 공동체다. 그러므로 교회는 그 어떤 공동체와도 비교할 수 없는 친밀한 사랑의 공동체여야 마땅하다.

교회가 대형화되어 갈수록 가족 공동체로서의 친밀함을 잃어버릴 수밖에 없다. 다수가 모이는 집회에서 친밀한 사랑의 공동체는 구조적으로 불가능해진다. 그러면 교회의 교회다움이 상실되고 조직과 제도만 남은 하나의 종교집단이 되고 만다. 그런 교회는 사람들의 종교적 욕구를 채워줄 수 있을지 몰라도 성경이 말하는 교회와는 거리가 멀다. 그러므로 교회는 모이는 숫자가 많아질수록 더욱 가족 공동체로서의 정체성을 잃어버리지 않도록 애를 쓰며 발버둥을 쳐야 한다.

교회는 하나님의 성전이다

> 너희는 너희가 하나님의 성전인 것과
> 하나님의 성령이 너희 안에 계시는 것을 알지 못하느냐 (고전3:16)

여기서 교회의 성도를 지칭하는 "너희"는 복수로 표현되었다. 그러나 "성전"은 단수로 표현되어 있다. 이 구절에서는 성도 개인이 성전이라는 의미가 아니라 교회 공동체가 성전이라는 의미이다.[9] 그것은 이 구절이 위치하는 문맥으로 보아도 분명하다.

교회를 하나님의 성전이라고 표현한 것은 교회 공동체의 거룩성을 강조하는 것이다. 교회 공동체는 거룩해야 한다. 하나님께 속한 모임인 교회는 세상의 그 어떤 모임과도 구별되어야 한다는 뜻이다. 교회의 거룩성은 그리스도 안에서 사랑으로 함께 하며 서로 섬기는 공동체가 될 때 확보된다.

이어지는 17절에서 "누구든지 하나님의 성전을 더럽히면 하나님이 그

---

9 고전3:16에 비해서 고전6:19은 성도 개개인이 하나님의 성전이 됨을 말하고 있다. 고전6:19,
　너희 몸은 너희가 하나님께로부터 받은 바 너희 가운데 계신 성령의 전인 줄을 알지 못하느냐
　너희는 너희 자신의 것이 아니라.

사람을 멸하시리라. 하나님의 성전은 거룩하니 너희도 그러하니라."고 했다. 여기서 "더럽히면"으로 번역된 단어와 "멸하시리라"로 번역한 말은 같은 단어풋데이로 φθείρω인데, '파괴하다', '파멸하다', '부패시키다', '못쓰게 만들다'라는 의미의 단어다.[10] 이것은 문맥상 의미로 볼 때, 거룩한 교회를 분열시키는 언행에 대한 경고의 말씀이다.

고린도전서 3장 본문에서 교회를 하나님의 성전이라고 표현한 것은 세상의 그 어떤 단체나 모임과도 구별되는 친밀한 사랑의 공동체가 되어서 교회의 거룩성을 지켜야 한다는 것을 강조하기 위함이다.

하나님의 성전으로 일컬어지는 교회 공동체에는 하나님의 성령이 함께 거하신다. 성령은 성도를 그리스도 안에서 하나 되게 하셔서 하나님의 거룩한 공동체로 세우신다. 교회는 성령이 하나 되게 하신 것을 힘써 지켜야 한다.엡4:4

교회가 성전이라는 표현 중에 특히 에베소서 2장에서는 그리스도를 모퉁잇돌로 한 성전으로써 그리스도 예수 안에서 함께 지어져 가는

---

10 고전3:17을 '표준새번역'에서는 "누구든지 하나님의 성전을 파괴하면, 하나님께서도 그 사람을 멸하실 것입니다. 하나님의 성전은 거룩합니다. 여러분은 하나님의 성전입니다."라고 했고, '바른성경'은 "누구든지 하나님의 성전을 멸하면, 하나님께서 그 사람을 멸하실 것이다. 하나님의 성전은 거룩하며, 너희는 그 성전이다."라고 번역했다.

하나의 건물로 묘사하고 있다.

> 너희는 사도들과 선지자들의 터 위에 세우심을 입은 자라
> 그리스도 예수께서 친히 모퉁잇돌이 되셨느니라.
> 그의 안에서 건물마다 서로 연결하여
> 주 안에서 성전이 되어 가고
> 너희도 성령 안에서 하나님이 거하실 처소가 되기 위하여
> 예수 안에서 함께 지어져 가느니라. (엡2:20-22)

이것은 교회의 공동체성을 강조하며 교회의 모든 성도는 서로 분리될 수 없는 관계임을 나타낸다. 그래서 "그의 안에서 건물마다 서로 연결하여 주 안에서 성전이 되어 가고"엡2:21라는 말로 교회를 설명한다. 교회 공동체에서 성도는 서로 연결되어 있으며 함께 성전으로 지어져 가는 관계다.

교회에서 성도는 서로 배격할 수 없고, 또 단절되어서도 안 된다. 교회 공동체의 구성원은 서로 손을 잡고 있어야 한다. 성도는 서로의 삶을 공유하고 모든 것을 함께 하며코이노니아 *κοινωνία*, 서로를 지지하고 붙들어 주는 섬김디아코니아 *διακονία*의 관계여야 한다. 그것이 성경에서 말하는 교회의 올바른 모습이다.

교회는 하나님의 백성이다

그러나 너희는 택하신 족속이요 왕 같은 제사장들이요 거룩한 나라요
그의 소유가 된 백성이니 이는 너희를 어두운 데서 불러내어 그의 기이한
빛에 들어가게 하신 이의 아름다운 덕을 선포하게 하려 하심이라.
:10 너희가 전에는 백성이 아니더니 이제는 하나님의 백성이요
전에는 긍휼을 얻지 못하였더니 이제는 긍휼을 얻은 자니라. (벧전2:9-10)

교회는 "그의 소유가 된 백성" 곧 "하나님의 백성"이다. 이 말은
교회가 하나님께서 다스리시는 하나님의 나라에 속한 백성이 되었다는
뜻이다. 그것을 "어두운 데서 불러내어 그의 기이한 빛에 들어가게"
하셨다고 표현하고 있다. "어두운 데"는 세상 나라 혹은 사탄의 나라를
의미하고 "그의 기이한 빛"은 하나님의 나라를 가리키는 표현이다.눅22:53;
요1:5; 행26:18; 엡6:12; 살전5:5 등

교회는 "하나님의 백성"이요 "그의 소유된 백성"이라는 표현과 같이
하나님의 것이다. 그래서 하나님께서 지키신다. 또 하나님께서 사랑으로
다스리신다. 하나님의 백성인 교회는 하나님의 통치 아래에서 그 말씀에
순종하는 사람들의 공동체다. 하나님 나라는 사랑의 나라다. 그 나라의
백성들은 하나님을 사랑하고 이웃을 사랑하는 사람들이다.

하나님의 백성인 교회 공동체는 단순히 구원받은 백성들의 집합체가 아니다. "하나님의 백성"이라는 개념은 구약성경에서부터 나타나는 것이며, 신약성경에서 교회를 하나님의 백성이라고 칭할 때 그것은 애굽에서 불러내셔서 하나님의 백성 삼으신 구약의 말씀을 배경으로 하고 있다.출19:5,6; 사43:20; 호1:6,9,10; 2:23 출애굽 당시 하나님은 개개인을 하나씩 구원하시고 그렇게 구원받은 백성들이 모여서 광야교회가 된 것이 아니다. 하나님은 이스라엘 공동체를 불러내셨으며 그 공동체를 구원하신 것이다. 하나님의 시선은 개인을 넘어서 하나님의 백성 공동체를 향하고 있었다.

신약의 교회도 마찬가지다. 교회는 단지 성도 개인의 집합체가 아니다. 하나님은 자기 백성들로 구성된 하나님의 공동체를 세우신 것이다. 하나님의 구원은 성도 개개인으로 구성된 하나님의 백성 공동체에 주어진다. 그것은 하나님의 궁극적 관심이 성도 한 사람을 넘어 하나님의 나라를 건설하는 것이라는 의미다.

하나님의 나라는 하나님께서 통치하시는 사랑의 나라다. 타락으로 말미암아 잃어버린 하나님 사랑과 이웃 사랑을 다시 회복한 나라다. 따라서 하나님의 백성인 교회는 이런 하나님의 나라를 닮은 공동체가 되어야 교회다운 교회라 할 수 있다.

교회는 그리스도의 몸이다

너희는 그리스도의 몸이요 지체의 각 부분이라. (고전12:27)

"그리스도의 몸"이라는 표현은 교회가 한 몸이 된 유기적 공동체임을 강하게 드러낸다.

"유기적 공동체"Organic Community라는 말이 무슨 뜻인가? "유기적"이라는 말은, '생물체와 같이 전체를 구성하고 있는 각 부분이 서로 밀접하게 연관되어 있어서 떼어 낼 수 없는 것'이라고 정의한다.

성도 개개인은 그리스도의 몸인 유기적 공동체의 일부분인 지체에 해당한다. 그러므로 몸에서 단절된 지체의 각 부분은 상상할 수조차 없다. 성도 상호 간의 관계는 그리스도의 몸인 교회 공동체의 일부분으로써 서로 밀접하게 연관된 존재다. 이것이 "그리스도의 몸"인 교회의 성경적 모습이다.

오늘날 대형교회들과 같이 대규모 집회에 모인 각 개인은 서로 한 몸으로 존재하는 지체가 될 수 없다. 그들은 유기적 공동체의 일원으로 참여한 것이 아니라 다른 사람과는 전혀 관계없이 일개인으로 단지 그 자리에 출석한 것일 뿐이다. 따라서 그런 대규모 집회는 유기적 공동체로서의 그리스도의 몸이 될 수가 없다.

그렇다면 그리스도의 몸은 반드시 소그룹 공동체여야 한다. 실제로 신약성경에 언급된 그리스도의 몸인 교회들은 모두 소그룹 공동체였다. 각 가정에서 모이는 적은 수의 모임이었다. 교회를 "그리스도의 몸"이라고 했을 때롬12:4,5; 고전12:12-27 그것은 교회가 성도 상호 간의 유기적 관계와 친밀한 사랑의 공동체임을 의미하는 것이다. 따라서 교회는 그 구성원이 구체적인 삶의 자리에서 코이노니아와 디아코니아를 실현할 수 있는 규모의 소그룹 공동체가 되어야 한다.

성경이 교회를 '그리스도의 몸'이라고 할 때, 우리가 또 한 가지 생각해야 할 것이 있다. 그리스도와 교회의 관계에 대한 말씀인데, 그리스도는 교회의 머리이시며, 교회는 그의 몸이라고 한다.

또 만물을 그의 발아래에 복종하게 하시고
그를 만물 위에 교회의 머리로 삼으셨느니라.
교회는 그의 몸이니
만물 안에서 만물을 충만케 하시는 이의 충만함이니라. (엡1:22-23)
그는 몸인 교회의 머리시라 그가 근본이시요

죽은 자들 가운데서 먼저 나신 이시니

이는 친히 만물의 으뜸이 되려 하심이요. (골1:18)

이 말씀은 첫째, 그리스도와 교회는 매우 긴밀한 유기적 관계에 있다는 것을 의미한다. 교회와 그리스도는 그 생명을 공유하는 관계다. 둘째, 그리스도가 교회의 주권자임을 의미한다. 교회는 주권자이신 그리스도의 뜻과 명령에 복종하므로 유기적 생명체로서의 그 역할들을 해 나갈 수 있다.

그리스도의 몸인 교회의 생명은 그리스도께 달려 있다. 소그룹 공동체에 그리스도께서 그 말씀으로 함께 하실 때 비로소 그리스도의 몸으로써의 에클레시아가 된다. 그리스도께서는 "두세 사람이 내 이름으로 모인 곳에는 나도 그들 중에 있느니라^{마18:20}"고 하셨다. 그리스도의 이름으로 모인 소그룹 공동체가 곧 그리스도의 몸이다.

바울은 또 에베소 교회에 보내는 편지에서 말하기를,

하나님께서 어떤 사람은 사도로, 어떤 사람은 선지자로,

어떤 사람은 복음 전하는 자로,

어떤 사람은 목사와 교사로 삼으신 것은

그리스도의 몸을 세우기 위함이라고 했다. (엡4:11-12)

여기에 언급된 직분 중에는 오늘날 교회에 있는 직분도 있고 없는 직분도 있다. 하지만 이 직분들의 공통점은 모두 말씀 사역을 하는 직분이라는 사실이다. 그러므로 이 본문은 주께서 교회에 말씀 사역자를 주신 이유를 밝히고 있다. 그들이 부지런히 복음을 전하고 주의 말씀을 가르쳐 지키게 하므로 성도를 성숙한 믿음의 사람으로 자라게 해서 서로를 더 잘 섬기도록 하며, 따라서 그리스도의 몸인 교회 공동체를 세우게 된다.

말씀 사역자들이 대형교회를 꿈꾸며 수많은 군중 앞에서 설교하는 것을 목표로 사역하는 것은 자기에게 주어진 사명이 무엇인지를 알지 못한 결과다. 그리스도의 몸을 세우는 것은 단순히 사람들을 많이 모으는 것이 아니고, 그리스도를 믿는 믿음 안에서 서로의 삶을 공유하며 코이노니아 $\kappa o\iota\nu\omega\nu\acute{\iota}a$ 서로를 섬기는 디아코니아 $\delta\iota a\kappa o\nu\acute{\iota}a$ 친밀한 사랑의 공동체를 만드는 것이기 때문이다. 그렇게 서로가 함께 삶을 나누며 피차 섬기는 공동체로서의 그리스도의 몸을 세우는 일은 대형집회에서는 구조적으로 불가능하며 소그룹 공동체에서만 가능하다.

1. '교회'라는 단어에 담긴 의미는 '주님의 공동체' 혹은 '하나님의 공동체'이다. 왜 그렇다고 생각하는가?

2. 우리 교회가 '하나님의 공동체'라면 그 속에는 어떤 뜻이 내포되어 있는가?

3. 성경은 교회를 무엇이라고 하는가? 다섯 가지 항목들을 보면서 당신이 새롭게 깨달은 것은 무엇인가?

4. '제1장 성경이 말하는 교회'를 읽으면서 당신의 신앙생활에 꼭 적용해야겠다고 생각하는 것은 무엇인가?

제2장

아가페 공동체

아가페 공동체인 교회

교회는 예수 그리스도께서 친히 "나의 공동체"*μου τὴν ἐκκλησίαν*를 세우시겠다고 하셨듯이 주님께 속한 주님의 공동체다.마16:18 또 바울이 "하나님의 공동체"*ἐκκλησία τοῦ θεου*라고 말했듯이 하나님께 속한 하나님의 공동체이다.고전1:2 이것은 교회라는 공동체가 우리가 좋아하고 우리가 원하는 방식으로 운영되지 않아야 한다는 것을 의미한다. 교회 공동체는 오직 하나님의 뜻에 따라 세워져야 한다. 그래서 교회를 통해 나타내시고자 하시는 하나님의 뜻이 아름답게 드러나는 공동체가 되어야 한다.

그렇게 되려면 하나님의 말씀인 성경이 말하는 성경적 교회의 모습을 갖추어 나가야 한다. 성경적 교회는 어떤 모습인가? 앞에서 살펴보았듯이 성경은 교회를 "하나님의 집"이라고 했으며, "하나님의 가족"이라고 했다. 교회는 그 누구도 분쟁을 일으키고 훼손해서는 안 되는 거룩한 "하나님의 성전"이라고 했으며, 또 성도가 서로 연결되어 함께 지어져 가는 성전이라고 했다. 교회는 하나님의 통치 아래에서 하나님을 사랑하고 이웃을 사랑하는 "하나님의 백성"이다. 그리고 교회는 서로 분리될 수 없는 유기적 공동체요, 그리스도를 머리로 하는 공동체요, 또한 말씀 사역자들을 통해 양육훈련을 받고 온전하게 되어 서로 봉사함으로 세워져 가는 "그리스도의 몸"이다.

교회에 대한 이런 성경의 가르침들은 교회의 공동체성을 강력하게 시사하고 있다. 성경이 말하는 교회는 예수 그리스도를 믿는 개개인들이 모인 단순 집합체가 아니다. 교회는 사랑의 온기가 가득한 집이며 가족 공동체다. 교회는 결코 파괴하거나 훼손할 수 없는 하나님의 성전과 같은 거룩한 공동체다. 교회는 하나님을 사랑하고 이웃을 사랑하는 하나님의 나라 백성들의 공동체다. 교회는 모든 지체가 한 몸으로 연결된 유기적 공동체다. 이 모든 것을 종합해서 표현하면, 교회는 하나님을 사랑하고 서로 사랑하는 아가페 공동체이다. 아가페 공동체는 성경이 말하는 교회의 본질적 모습이며 그것은 곧 하나님 나라의 모습이기도 하다.

하나님의 존재 양식과 사역으로 본 아가페 공동체

교회의 공동체성은 하나님의 존재 양식과 사역 형태 속에도 드러난다. 하나님은 성부와 성자와 성령께서 하나가 되신 삼위일체 하나님이시다. 성부와 성자와 성령 하나님은 각각 다른 위격이면서 동시에 또한 일체라는 말이다. 삼위일체 하나님은 서로 연합하여 유기적 공동체의 존재 양식을 가지고 계시며, 각각 개별적으로 존재하시는 것이 아니라 "우리"라는 공동체로 존재하신다. 그것은 창세기의 창조 기사와 요한복음 17장에 기록된 예수님의 기도에서 찾아볼 수 있다.창1:26; 3:22; 요17:11,21,22

"우리"로 존재하시는 하나님께서는 또한 서로 연합하여 공동의 목적을 가지고 함께 사역하신다. 삼위일체 하나님은 천지를 창조하실 때 함께 계셨으며 함께 사역하셨다. 창세기 1장에 보면, 하나님께서 천지를 창조하실 때 "하나님의 영"이 함께 하신 것을 볼 수 있다. 그리고 요한복음 1장에서 "말씀로고스 $\lambda \acute{o} \gamma o s$"으로 표현된 성자 하나님도 창조 사역에 함께 하셨으며, 모든 피조물 중에 성자 하나님 없이 창조된 것은 하나도 없다고 했다.창1:1,2; 요1:1-3

"우리"로 존재하시는 삼위일체 하나님은 타락한 세상을 구원하시는 사역도 함께 하신다. 그것은 에베소서 1장에서 잘 설명해 주고 있는데, 성부 하나님은 성자 예수 그리스도 안에서 우리를 선택해 주셨다.엡1:3-6 성자 예수 그리스도는 죄인 된 우리를 위하여 십자가에 달려 화목제물이 되어 우리의 죄를 대속해 주셨다.엡1:7-12 성령 하나님은 그리스도 안에서 진리의 말씀인 복음을 듣고 깨닫게 하시며 믿게 하시고 구원의 보증이 되어 주셨다.엡1:13-14

살펴본 바와 같이 성부 성자 성령 삼위일체 하나님은 "우리"라는 공동체로 존재하시며, 그 사역도 한마음 한뜻이 되어 함께 하신다.

이러한 하나님의 존재 양식과 그 사역 형태에 나타난 공동체성을 볼 때, 교회의 존재 양식도 삼위일체 하나님과 같이 일체가 되고, 교회의 사역도 한마음 한뜻으로 모든 일을 함께하는 아가페 공동체가 되어야 한다.

하나님께서 디자인하신 아가페 공동체

아가페 공동체는 하나님께서 처음부터 디자인하신 것이다. 하나님은 태초에 인간을 만드실 때부터 이미 서로 친밀한 사랑의 관계인 아가페 공동체로 살도록 디자인하셨다.

삼위일체 하나님은 천지 만물을 아름답게 만들어 놓으신 후에 마지막으로 사람을 만드셨다. 그때 하나님께서는 사람이 혼자 사는 것을 좋지 않게 여기셨다고 한다. 그래서 그를 위하여 서로 도우며 더불어 살 수 있는 배필을 만들어 주셨다.창2:18 서로 사랑하며 살게 하신 것이다.

또 하나님께서 사람을 만드실 때 남자와 여자를 만드셨다. 그것은 곧 그들 사이에 자식이 생기도록 디자인하셨다는 뜻이다. 그것은 하나님의 계획 속에는 이미 가정이라는 가족 공동체가 들어있었다는 것을 의미한다.창1:27-28 하나님은 바로 그 가정에 복 주셔서 생육하고 번성하며 만물을 다스리게 하셨다. 이처럼 태초에 하나님께서 디자인하신 세상은 하나님을 사랑하고 서로 사랑하는 아가페 공동체였다.

타락으로 깨어진 아가페 공동체

사탄의 유혹으로 인해 세상에 죄가 들어온 후에 사람들은 하나님을 사랑하는 삶에서 떠났다. 동시에 이웃을 사랑하는 삶도 버렸다. 오직 자신만 사랑하는 이기적이고 자기중심적인 존재가 되어버렸다. 아가페 공동체는 여지없이 파괴되고 개인주의와 이기주의와 자기중심적 삶이 만연하여 크고 작은 다툼과 전쟁이 끊어지지 않는 세상이 되었다.

창세기 첫 부분에 보면 인간이 타락한 이후에 어떤 결과가 생겼는지를 잘 말해 주고 있다. 가장 먼저 하나님과의 관계에 문제가 생겼다. 범죄 후의 인간은 하나님의 소리를 듣고 반가워하며 달려나가는 것이 아니라 그 얼굴을 피하여 숨어버렸다.창3:8 대신관계對神關係가 파괴된 것이다. 그들은 이제 하나님을 사랑하지 않게 되었다. 타락한 인간에게 하나님은 경외와 사랑의 대상이 아니라 무서움과 회피의 대상일 뿐이었다. 하나님 앞에 나아가기를 즐거워하는 것이 아니라 될수록 하나님의 얼굴을 피하고 숨으려 했다. 그것이 타락한 인간의 첫 번째 결과다.

동시에 인간과 인간 사이에도 문제가 생겼다. 하나님께서 아담에게 범죄사실을 말씀하시며 왜 그랬냐고 물으셨다. 아담은 스스로 회개하고 하나님과의 관계를 회복하려 하지 않고 그 잘못을 아내에게 떠넘겨 버렸다. 아담이 하와를 처음 만났을 때는 "이는 내 뼈 중의 뼈요 살 중에 살이라."고 하며 애틋한 사랑을 고백했었다. 하지만 범죄 후에는 아내 핑계를 하며 모든 죄의 책임을 떠넘기려 했다.창2:23; 3:9-12 서로 사랑하면 허물을 덮어준다. 아담이 그 아내 하와에게 범죄의 책임을 떠넘기는 모습은 아내를 향한 그의 사랑이 변질되었다는 것을 의미한다. 이른바 대인관계對人關係도 파괴되었다는 것을 시사해 주는 이야기다.

그 후에 타락한 인간 세상은 더욱 악한 일들이 벌어졌다. 창세기 4장에는 가인이 아벨을 죽인 사건이 기록되어 있다. 믿기지 않게도 형제간 살인 사건이 일어났다. 아가페 공동체가 깨어졌을 때 얼마나 끔찍한 세상이 되는가를 보여주는 사건이다. 역시 하나님께서 가인에게 회개의 기회를 주셨다. 그러나 그는 모든 것을 알고 계시는 하나님 앞에서 죄를 인정하고 용서를 구하는 대신에 거짓말로 자기의 죄를 덮으려 했다. 그뿐만 아니라 그는 "내가 내 아우를 지키는 자니이까?"라는 말을 아무 망설임 없이 할 수 있는 상태가 되어버렸다. 형제가 서로를 지켜주고 보호해 주는 관계라는 것은 까마득히 잊어버리고 당연하다는 듯이 그렇게 말하고 있는 것을 보라. 상호 간에 져야 할 책임을 회피하는 모습이다.창4:8-9

이렇게 타락 이후 온갖 부정적이고 악한 것들이 인간 세상에 생겨나기 시작했다. 인간은 이제 하나님을 사랑하지 않고 하나님을 즐거워하지 않게 되었다. 또 인간 상호 간의 관계도 무너져 내렸다. 이제 서로 사랑하지 않게 되었다. 죄의 책임을 아내에게 떠넘기고 뒤집어씌우려 한다. 형제를 향해 칼끝을 겨누고 살해할 뿐 아니라 너무나 쉽게 거짓말을 하고 형제를 향한 돌봄과 보호의 책임을 저버리는 것을 당연하게 여기는 심각한 상태가 되어버렸다.

이 모든 것들은 하나님께서 원래 계획하신 모습이 아니었다. 창조주 하나님은 아름다운 아가페 공동체를 디자인하셨다. 하지만 인간이 하나님의 말씀을 불순종하여 죄를 범하고 타락한 결과 생겨난 불행한 모습들이다.

아가페 공동체의 회복

불순종의 죄를 범한 결과 낙원을 잃어버린 인간을 구원하시고 아가페 공동체를 회복하시기 위해 예수 그리스도께서 오셨다. 십자가에서 대속代贖의 제물이 되심으로 우리의 죄를 사해 주시고 타락 이전의 상태로 회복시키시는 것이 목적이었다.

세상에 오신 예수 그리스도는 주께 속한 새로운 공동체를 세우셨다.마 16:18 그것이 바로 그리스도의 몸인 교회 공동체이며 나아가 하나님의 나라이다. 그래서 십자가의 은혜로 회복된 자들이 다시 하나님을 사랑하게 되고, 이웃을 사랑하는 아가페 공동체를 이루고 살아가도록 하셨다.

주님의 구원은 단지 우리의 죄를 사해 주신 것만이 아니다. 하나님을 사랑하고 서로 사랑하는 새로운 삶으로 들어가게 하신 것이다. 구원받은 그리스도인이 한 주에 한 번 예배당에 모여서 예배 의식을 행하고 돌아가는 것을 신앙생활이라 할 수 없다. 주일예배는 우리에게 아주 중요하며 반드시 해야 할 일이지만 그것이 신앙생활의 전부는 아니다. 신앙생활은 우리의 삶 전체가 새로운 삶을 사는 것이다. 우리는 아가페 공동체인 교회를 통해서 하나님을 사랑하고 서로 사랑하는 새로운 인생을 살며 누리게 된다.

구원은 관계 회복이다. 타락하여 단절되었던 하나님과의 관계가 회복되고, 비틀어진 이웃과의 관계가 회복되는 것이 구원이다. 구원의 은혜를 받은 하나님의 백성들은 구체적인 삶의 현장에서 잃어버렸던 하나님과의 관계를 회복하고 이웃과의 관계를 회복하게 된다. 그래서 코이노니아 *κοινωνία*와 디아코니아*διακονία*가 풍성한 아가페 공동체를 이루는 사람들이다. 이런 아가페 공동체가 바로 하나님 나라의 모형인 교회이다.

예수님의 간절한 소원인 아가페 공동체

요한복음 17장에 보면, 예수 그리스도께서 이 땅에서의 사역을 마치실 때 마지막으로 제자들을 위하여 간절히 기도하신 것을 기록하고 있다. 그 기도 속에서도 아가페 공동체가 주님의 간절한 소원이라는 것을 깨닫게 된다.

> 나는 세상에 더 있지 아니하오나 저희는 세상에 있사옵고
> 나는 아버지께로 가옵나니 거룩하신 아버지여
> 내게 주신 아버지의 이름으로 저희를 보전하사
> 우리와 같이 저희도 하나가 되게 하옵소서. 요17:11
> 아버지께서 내 안에, 내가 아버지 안에 있는 것같이
> 저희도 다 하나가 되어 우리 안에 있게 하사
> 세상으로 아버지께서 나를 보내신 것을 믿게 하옵소서. (요17:21)

내게 주신 영광을 내가 저희에게 주었사오니 이는 우리가

하나가 된 것같이 저희도 하나가 되게 하려 함이니이다. (요17:22)

예수 그리스도는 삼위일체 하나님께서 연합하여 하나가 되신 것처럼 그리스도인들이 세상에서 서로 연합하여 친밀한 사랑의 공동체를 이룸으로써 하나가 되기를 간절히 원하며 기도하셨다. 성도가 서로 하나가 되어서 삼위일체 하나님 안에 거하는 아가페 공동체를 이루는 것은 우리 주님 예수 그리스도의 간절한 소원이다.

우리는 아가페 공동체 안에서 사랑이신 하나님과 함께하는 삶을 살 수 있다. 왜냐하면, 하나님은 서로 사랑하라는 계명을 지키는 사람들과 함께 하시기 때문이다.요일3:23-24; 4:7-8 그리고 예수 그리스도께서 말씀하시기를 우리가 서로 사랑할 때 비로소 모든 사람이 우리가 그리스도의 제자인 것을 알게 된다고 하셨다.

새 계명을 너희에게 주노니 서로 사랑하라. 내가 너희를 사랑한 것같이 너희도 서로 사랑하라. 너희가 서로 사랑하면 이로써 모든 사람이 너희가 내 제자인 줄 알리라. 요13:34-35

이 말씀은 교회가 서로 사랑하는 아가페 공동체가 될 때 비로소 교회

다운 교회가 된다는 의미다. 교회가 필요 이상으로 비대해지면 친밀한 사랑의 공동체가 될 수 없다. 서로 사랑할 수 없는 구조가 된다. 서로에게 관심조차도 없는 개인주의적인 교회 생활이 될 수밖에 없다. 또 서로에게 관심을 가지지 않는 그런 구조가 좋아서 대형교회를 찾는 이도 적지 않은 것이 아픈 현실이기도 하다. 옆자리에 앉은 사람이나 앞뒤 자리에 앉은 사람이 누구인지도 모르는 경우가 허다해진다. 혹 얼굴은 몇 번 보아서 알아볼 수 있어도 그 사람이 뭘 하는 사람인지 어떤 형편에 처해 있는지 그 사람의 기도 제목이 무엇인지를 알지 못한다. 서로에게 관심을 가질 수조차 없는 대형교회에서는 예수님의 간절한 소원인 아가페 공동체를 이룰 수가 없다.

사랑은 서로에 대한 '관심'에서 싹이 트고, 서로를 '이해'하는 것만큼 자라며, 서로 '배려'함으로 아름다운 꽃을 피우고, 마침내 '동행'이라는 열매를 맺는다. 그러나 옆자리에 앉아서 같이 예배하는 자가 누군지도 모르는 대그룹 모임에서는 그런 사랑이 이루어질 수가 없다. '관심'과 '이해'와 '배려'와 '동행'은 소그룹 환경에서만 가능하다. 서로를 향한 관심은 소그룹에서 생기고, 서로를 알아가는 이해도 소그룹에서만 그 깊이를 더해 갈 수 있고, 서로 배려하는 것도 역시 소그룹에서만 가능하며, 함께 손잡고 걸어가는 동행이라는 결실도 소그룹일 때만 가능하다.

1. 사역 형태, 그리고 하나님께서 디자인하신 것이라는 측면에서 설명해 보라.

2. 아가페 공동체가 파괴된 과정과 그 결과 어떻게 되었는지 이야기해 보라.

3. 아가페 공동체의 회복은 어떻게 이루어지게 되었는가? 그리고 그에 대한 예수님의 간절한 소원에 대해 이야기를 나누어 보라.

4. '제2장 아가페 공동체'를 읽고 새롭게 깨달은 점을 나누어 보라. 그리고 우리 교회에 적용해야 할 것은 무엇이라고 생각하는가?

교회 안의
작은 교회 이야기

소그룹 사역 안내서

2부 성경적 교회로 가는 길

제**3**장

아가페 공동체의 필수요건

아가페 공동체의 구체적 모습

우리가 누군가를 사랑한다고 할 때 그것은 구체적으로 어떤 삶의 모습으로 나타나는가? 아가페ἀγάπη는 반드시 코이노니아κοινωνία와 디아코니아διακονία로 나타난다. 사랑의 공동체를 강조하는 성경의 교회론에서 '코이노니아'와 '디아코니아'는 그 어떤 단어보다 더 중요하다. 이 두 단어는 '아가페'가 구체적으로 실현된 모습을 표현하는 단어로 사용된다. '아가페'는 다름 아닌 '코이노니아'와 '디아코니아'이다. 아가페 공동체인 교회의 구체적 모습은 코이노니아 공동체이며 디아코니아 공동체이다.

코이노니아 공동체

교회는 코이노니아 공동체이다. 교회가 반드시 코이노니아 공동체가 되어야 하는 이유는 그것이 교회의 본질적 모습이기 때문이다. '코이노니아'κοινωνία는 문맥에 따라 '나눔', '교제', '친교', '사귐', '교통', '참여', '연보' 등으로 번역된다.[11] 이 단어는 기본적으로 '함께 함'이라는 의미를 품고 있다. 코이노니아는 모든 것을 함께 공유하는 것이다. 시간도 물질도 마음도 함께 하며 기쁨도 슬픔도 함께 하는 것이 코이노니아다.

교회가 코이노니아 공동체라는 것은 먼저 하나님과 코이노니아 하는 공동체라는 뜻이다. 하나님이 우리와 함께 계시는 것이 교회가 교회 됨의 근본이다. 사람들만의 모임으로는 교회가 될 수 없다. 교회는 성도의 코이노니아 이전에 먼저 하나님과의 코이노니아가 전제될 때 교회가 된다. 하나님이 불러 모으신 모임에 하나님이 함께하실 때 비로소 하나님의 공동체에클레시아 투 데우 ἐκκλησία τοῦ θεοῦ인 교회가 된다. 구약의 교회라 할 수 있는 '여호와의 총회'카할 여호와 קְהַל יְהוָה도 하나님이 함께하시는 하나님의 소유된 백성들의 모임이다.

---

11 롬15:26; 고후13:13; 갈2:9; 요일1:3,6,7; 고전10:16,18,20; 고후1:7; 고후8:4; 빌1:5; 빌2:1; 빌3:10; 몬1:6; 벧전4:13; 벧전5:1; 벧후1:4; 요이1:11; 히13:16

마태는 이사야 선지자의 글을 인용하면서 그리스도의 탄생이 가진 의미를 "임마누엘" 즉 하나님이 우리와 함께하신 사건으로 설명했다.마1:23 예수 그리스도의 성육신成肉身은 하나님과 우리의 코이노니아를 위함이다. 그리스도께서 우리와 함께하시기 위해 하늘 영광 보좌를 버리시고 낮고 천한 인간의 몸을 입고 오셨기에 우리가 하나님과 더불어 '코이노니아'κοινωνία 할 수 있게 되었다.

요한은 요한일서에서 말하기를 그리스도께서 세상에 오심을 전하는 이유는 우리가 서로 "사귐"κοινωνία이 있게 하려 함이라고 했다. 그리고 그 사귐은 "아버지와 그의 아들 예수 그리스도와 더불어" 누리는 것이라고 했다.요일1:3 교회는 코이노니아 공동체인데 그 코이노니아는 하나님과 더불어 누리는 것이라는 말이다.

하나님과의 코이노니아와 함께 성도의 교제κοινωνία는 성경적 교회론에서 그냥 지나칠 수 없는 핵심적 요소이다. 성도의 교제에 대한 다양한 가르침은 성경에 너무 많아서 그 예를 다 말할 수조차 없다. 성경은 하나님의 백성인 성도가 서로를 어떻게 생각하고 어떻게 대해야 하는지 아주 구체적으로 교훈해 주고 있다. 교회는 하나님과의 코이노니아와 성도의 코이노니아가 있는 코이노니아 공동체이다. 그것이 바로 아가페 공동체인 교회의 첫 번째 모습이다.

디아코니아 공동체

교회는 디아코니아 공동체이다. 디아코니아$_{διακονία}$는 종종 식탁에서 시중드는 일에 사용되었다.$_{눅10:40; 12:37; 17:8; 행6:2}$ 하지만, 성경에서는 다양한 섬김을 표현하고 있다. '디아코니아'는 문맥에 따라서 '섬김', '봉사', '직무', '사역', '구제', '섬기는 일', '부조하는 일' 등으로 번역한다.[12] 이 단어는 종의 자세로 낮아져서 '섬기는 것'을 나타내는 말이다.

성경적 교회는 코이노니아 공동체임과 동시에 또한 디아코니아 공동체이다. 코이노니아와 마찬가지로 디아코니아도 교회가 갖추어야 할 본질적 모습이다. 그리스도 예수께서 세상에 오신 것이 코이노니아의 모범이 되신 것처럼 또한 디아코니아의 모범이 되신다.

그리스도께서는 섬김을 받으시기 위함이 아니라 오히려 우리를 섬기시기 위해서 세상에 오셨다고 말씀하셨다.$_{막10:45}$ 그리스도의 성육신과 십자가의 죽음은 우리를 향한 최고의 '디아코니아'다. 주님은 우리를 섬기시되 죽기까지 섬기셨다. 그리고 주님은 우리도 그렇게 섬김의 삶을 살기를

---

12 마20:26,28; 23:11; 막9:35; 10:43,45; 눅22:27; 요12:26; 행1:17,25; 6:1; 6:4; 12:25; 21:19; 롬12:7; 13:4; 15:25,31; 고전16:15; 고후8:4; 9:1,12,13; 11:8; 엡4:12; 딤후4:5; 히1:14; 벧전4:10; 계2:19

원하셨다. 주께서 잡히시기 전날 밤에 친히 수건을 허리에 두르시고 제자들의 발을 씻어 주신 후에 하신 말씀을 보라.

> 내가 주와 또는 선생이 되어 너희 발을 씻었으니
> 너희도 서로 발을 씻어 주는 것이 옳으니라.
> 내가 너희에게 행한 것 같이
> 너희도 행하게 하려 하여 본을 보였노라. (요13:14-15)

그리스도께서는 우리가 서로 종이 되어 섬기는 삶을 살아야 한다는 것을 교훈하시기 위해 친히 본을 보여주신 것이다.

바울은 빌립보서 2장에서 성도들에게 "아무 일에든지 다툼이나 허영으로 하지 말고 오직 겸손한 마음으로 각각 자기보다 남을 낮게 여기고, 각각 자기 일을 돌볼뿐더러 또한 각각 다른 사람들의 일을 돌보아 나의 기쁨을 충만하게 하라"빌2:3-4고 했다. 그리고 이어서 그리스도 예수의 마음을 품으라고 하면서 주님의 낮아지심과 섬기심을 상기시켰다.

> 너희 안에 이 마음을 품으라. 곧 그리스도 예수의 마음이니,
> 그는 근본 하나님의 본체시나
> 하나님과 동등 됨을 취할 것으로 여기지 아니하시고,
> 오히려 자기를 비워 종의 형체를 가지사 사람들과 같이 되셨고,

사람의 모양으로 나타나사 자기를 낮추시고

죽기까지 복종하셨으니

곧 십자가에 죽으심이라. (빌 2:5-8)

그리스도의 성육신과 십자가 죽음은 우리를 향해 베풀어 주신 숭고한 '코이노니아'κοινωνία와 '디아코니아'διακονία다. 그것은 우리를 향한 최고의 아가페ἀγάπη이다.요 15:13

주님은 사랑을 잃어버린 세상을 구원하여 다시 사랑의 나라를 회복하시기 원하셨다. 하나님을 사랑하지도 않고 이웃을 사랑하지도 않으므로 지옥같이 되어버린 세상에 오셔서 하나님을 사랑하고 이웃을 사랑하는 사랑의 나라로 회복하시기 원하셨다. 그것이 바로 예수 그리스도께서 가지신 하나님의 나라 비전이다.

아가페ἀγάπη는 코이노니아κοινωνία와 디아코니아διακονία로 표현된다. 사랑은 모든 것을 함께 하며 서로 섬기는 삶으로 구체화 되어 나타난다는 말이다. 기쁨도 슬픔도 함께 나누고, 서로 종이 되어 섬기는 모습을 가리켜서 성경은 사랑이라고 한다. 이런 사랑은 대형집회에서는 꿈도 꾸지 못한다. 그것은 오로지 소그룹 공동체에서만 실현될 수 있는 아름다운 하나님 나라의 모습이다.

코이디아소그룹

"하나님의 집"이며, "하나님의 가족권속"이며, "하나님의 성전"이며, "하나님의 백성"이며, "그리스도의 몸"인 교회는 아가페 공동체이다. 대그룹에서는 아가페 공동체를 이룰 수가 없다. 그것은 구조적으로 불가능하다. 교회가 아가페 공동체가 되려면 반드시 소그룹이어야 한다. 소그룹이 아닌 대형교회는 아가페 공동체인 교회의 본질적인 모습을 상실할 수밖에 없다. 교회는 세상에서 새로운 사회를 보여주는 대안對案 공동체가 되어야 한다. 하지만, 교회의 본질적인 모습인 '코이노니아'와 '디아코니아'가 사라진 종교집단은 결코 각박하고 피폐한 세상의 대안이 될 수 없다.

'코이노니아'와 '디아코니아'의 삶이 아름답게 실현되는 소그룹 사역이 교회를 교회답게 하고, 하나님이 기뻐하시는 교회가 되게 하며, 성경적 교회를 이루어가게 된다. 그런 교회가 세상에 희망을 주는 대안 공동체다. 교회는 본질상 코이노니아 공동체이며 또한 디아코니아 공동체다. 교회는 코이노니아와 디아코니아가 활발하여 세상 사람들에게 하나님의 나라가 어떤 곳인지를 보여주는 모델이 되어야 한다.

교회다운 교회가 되려면 코이노니아와 디아코니아를 실현할 수 있는 소그룹 사역에 매진해야 한다. 이런 소그룹을 우리는 '코이디아소그룹'KOIDIA SMALLGROUP이라고 한다. 코이노니아KOINONIA와 디아코니아 DIAKONIA를 실현하는 소그룹이라는 뜻을 담은 이름이다. '코이디아소그룹' 은 단지 적은 숫자이기만 하면 되는 것이 아니다. '코이디아소그룹' 사역은 유행을 따라서 시도해보는 일종의 프로그램이 아니다. 그럴듯한 교회로 보이기 위해 소그룹 사역이라는 구색을 갖추기 위한 것도 아니다. 그리고 흔히 보는 소그룹 사역들과 같이 교회의 양적 성장을 위한 도구도 아니다.

그것은 교회다운 교회, 하나님이 기뻐하시는 교회, 성경적 교회가 되기 위한 몸부림이다. 성경이 말하는 아가페 공동체로서의 교회로 나아가는 가장 유효적절한 방편이다. '코이디아소그룹' 사역은 교회가 교회되게 하는 사역이다.

교회 안의 작은 교회

성경적 교회는 아가페 공동체다. 교회가 아가페 공동체가 되려면 반드시 소그룹이어야 한다. 교회의 타락과 부패는 교회가 대형화되면서부터 시작되었다. 교회가 소그룹일 때 그것은 생명력이 약동하는 공동체였다. 그러나 대그룹이 되면서 교회는 공동체성을 잃어버리고 하나의 조직이 되고 제도가 되어버렸다. 교회가 생명력을 잃어버리고 제도와 조직이 움직

일 때 그것은 교회가 아니거나 아주 질 낮은 교회일 뿐이다. 겉보기에 아무리 화려해 보이고 감동적인 찬양과 천사의 말과 같은 설교가 있는 예배가 드려진다 해도 그 교회는 성경적 공동체로서 심각한 결점이 존재할 수밖에 없다. 그러므로 생명력 있는 소그룹 공동체는 교회의 필수요건이다.

성장하는 교회는 당연히 좋은 교회일 것이라는 생각을 하기 쉽다. 그렇지 않다. 교회답지 못한 교회도 온갖 인간적 방법과 수단으로 몸집 불리기는 할 수 있다. 그래서 건강하지 못한 비만 교회들이 생긴다. 성장하는 교회라고 해서 다 생명력 있고 건강한 교회가 아니다. 그러나 **생명력 있고 건강한 교회는 반드시 성장한다.** 이 명제는 참이다. 성장하는 교회라고 해서 다 바른 교회는 아니지만, 바른 교회는 반드시 성장한다. 성장하는 교회가 다 교회다운 교회는 아니지만, 교회다운 교회는 반드시 성장한다.

그러나 교회가 성장해 감에 따라서 점점 교회다운 교회의 모습은 퇴색된다는 사실이 안타까운 현실이다. 교회가 성장해 가면서 아가페 공동체의 모습은 희미해지고 조직과 제도에 의해서 운영된다. 친밀한 사랑의 공동체 모습은 갈수록 그 빛이 바래고 하나의 종교집단으로써의 기능만 남게 된다. 사람들은 자기의 종교 생활을 이어가는 수단으로 예배에 참석할 뿐이며 예배의 주체가 아니라 관객 혹은 소비자로 전락하게 된다.

이런 폐단을 고칠 수 있는 길은 단 한 가지다. 대형교회를 분화하여 소그룹 공동체로 만드는 것이다. 이른바 '교회 안의 작은 교회'little churches within a church를 세우는 것이다. 그러면 소그룹 공동체인 '교회 안의 작은 교회'들이 교회의 본질적 모습인 아가페 공동체로 회복될 수 있는 환경이 된다. 각 소그룹 공동체 안에서 아름다운 코이노니아와 디아코니아가 실현되므로 교회가 교회다운 모습을 되찾을 수 있다.

'교회 안의 작은 교회'를 통해 서로 친밀한 사랑의 관계가 되고, 기쁨도 슬픔도 함께하며 삶을 공유하는 코이노니아와 서로 낮은 자리에서 섬기는 디아코니아를 실천하면서 천국을 맛보고 누리는 교회가 된다.

'코이디아소그룹' 사역은 '교회 안의 작은 교회' 운동이다. 이 사역은 교회다운 교회, 하나님이 기뻐하시는 교회, 성경적 교회가 되기 위한 최선의 길이다. 교회가 성장해 갈수록 그 필요성이 더욱 절실해지는 사역이다.

이 사역이 제대로 이루어질 때 교회가 행복해지고 성도들은 구원이 무엇인지를 바르게 알고 하나님 나라가 어떤 것인지를 더욱 구체적으로 알게 된다. 이 '코이디아소그룹' 사역을 통해서 '교회 안의 작은 교회' 운동이 활발해지게 되면 그 교회는 큰 교회일지라도 다시 생명력이 약동하는 교회가 되어서 자연스럽게 건강한 교회로 발돋움 하게 된다.

1. 아가페 공동체인 교회는 구체적으로 어떤 공동체가
   되어야 하는가?

2. '코이디아소그룹'은 어떤 소그룹이라는 의미인가?
   여타의 소그룹들과의 가장 큰 차이점을 무엇인가?

3. '코이디아소그룹' 사역은 '교회 안의 작은 교회'
   운동이다. 이사역의 목적은 무엇이라고 생각하는가?

4. '제3장 아가페 공동체의 필수요건'을 읽고 우리 교회에
   어떻게 적용할 수 있을지를 나누어 보자

제4장

위대한 사명과 소그룹

주께서 교회에 주신 수많은 명령 중에서 가장 중요한 것 두 가지가 있다. 그것은 이른바 '가장 큰 계명'The Great Commandment과 '지상명령'The Great Commission이다. 이 두 명령은 성경 전체를 아우르는 근본적인 명령이다. 예수 그리스도의 제자가 된 성도 개인과 그들의 공동체인 교회는 이 위대한 사명의 의미를 바로 알고 그 중요성을 절실하게 깨달아야 한다. 왜냐하면, 이 위대한 사명은 성도와 교회의 존재 이유와 목적이기 때문이다.

가장 큰 계명 誡命

한 율법사가 예수께 물었다. 모든 율법 중에서 가장 큰 계명이 무엇이

냐는 것이었다. 예수께서 대답해 주셨다.

> 예수께서 이르시되
>
> 네 마음을 다하고 목숨을 다하고 뜻을 다하여
>
> 주 너의 하나님을 사랑하라 하셨으니
>
> 이것이 크고 첫째 되는 계명이요, 둘째도 그와 같으니
>
> 네 이웃을 네 자신 같이 사랑하라 하셨으니
>
> 이 두 계명이 온 율법과 선지자의 강령이니라. (마22:37-40)

주님이 말씀하신 가장 큰 계명은 한 마디로 "사랑하라"는 말씀이다. "마음을 다하고 목숨을 다하고 뜻을 다하여 하나님을 사랑하라"는 말씀과 "네 이웃을 네 자신 같이 사랑하라"는 말씀, 즉 **'하나님 사랑'**과 **'이웃 사랑'**에 대한 말씀이다. 이것은 하나님께서 주신 모든 율법의 핵심이며 근간이다. 그래서 바울은 로마서에서 "사랑하라"는 계명을 지키면 모든 율법을 다 이루게 된다고 했다. 또 사랑은 율법의 완성이라고도 했다.롬 13:8-10 주님은 '사랑하라'는 계명이 모든 계명의 강령이 되는 가장 큰 계명이라고 말씀하셨다.

또 주께서 제자들에게 새 계명을 주셨다. "서로 사랑하라"는 말씀이 그것이다. 제자들이 "서로 사랑하라"는 새 계명의 말씀을 가슴에 품고 그

사랑을 실천할 때 비로소 세상 사람들이 인정하는 예수님의 제자가 된다고 하셨다.요13:34-35 어떻게 서로 사랑해야 하는가? "내가 너희를 사랑한 것같이 너희도 서로 사랑하라"고 하셨다. 그러면 주께서 제자들을 어떻게 사랑하셨는가? 주님은 제자들에게 진정한 사랑의 모범을 보여주셨는데 그것은 바로 코이노니아*κοινωνία*와 디아코니아*διακονία*로 표현되는 사랑이었다.

예수의 성육신과 제자 삼는 사역들, 마지막 만찬에서 종의 모습으로 제자들의 발을 씻어 주신 일, 그리고 목숨까지도 아끼지 않으신 십자가 죽음 등을 통해 우리에게 진정한 코이노니아와 디아코니아가 무엇인가를 가르쳐 주셨다. 주께서 모범을 보여주신 코이노니아와 디아코니아의 삶은 교회가 따라가야 할 주님의 길이며 사랑이다. 그것은 교회에 주어진 사명이며 이 땅에서 하나님의 나라를 맛보게 되는 지름길이다.

지상명령 至上命令

부활하신 예수께서 승천하시기 전에 제자들에게 분부하신 지상명령을 보자.

그러므로 너희는 가서 모든 민족을 제자로 삼아

아버지와 아들과 성령의 이름으로 세례를 베풀고,

내가 너희에게 분부한 모든 것을 가르쳐 지키게 하라.

볼지어다. 내가 세상 끝날까지

너희와 항상 함께 있으리라 하시니라. (마28:19,20)

주님이 주신 지상명령은 한 마디로 "제자 삼으라"는 말씀이다. 그것은 "아버지와 아들과 성령의 이름으로 세례를 베풀라"는 것과 또 "내가 너희에게 분부한 모든 것을 가르쳐 지키게 하라"는 세부적인 명령으로 이루어져 있다. "아버지와 아들과 성령의 이름으로 세례를 베풀라"는 것은 그들에게 복음을 전하여 예수를 믿게 하라는 말씀이다. 교회가 세례를 베푸는 대상은 복음을 듣고 그것을 믿는 자이다. 그러므로 세례를 베풀라는 말씀은 곧 복음을 전파하라는 명령이다. 그리고 "내가 너희에게 분부한 모든 것을 가르쳐 지키게 하라"는 것은 믿기로 작정한 사람을 양육하고 훈련하여 주의 말씀을 순종하며 제자다운 삶을 살게 하라는 말씀이다. 그러므로 주님의 지상명령인 제자 삼는 일은 '복음전파'와 '양육훈련'으로 이루어진다.

주님의 제자들은 서로 사랑할 뿐만 아니라 또한 세상으로 가야 한다. 그리고 뭇 사람들을 주님의 제자가 되게 해야 한다. 어떻게 그 명령을 수행하는가? 그것은 성부 성자 성령의 이름으로 세례를 주는 일과 주님의 말씀을 가르쳐 지키게 하는 일이다. 그러므로 교회와 모든 그리스도인은 주님의 지상명령을 따라 '복음전파'와 '양육훈련'에 전력을 기울여야 한다. 이것은 교회에 주신 사명이며 하나님의 나라를 확장하는 길이다.

　"사랑하라" 는 가장 큰 계명과 **"제자 삼으라"** 는 지상명령은 주께서 교회에 주신 위대한 사명이다. 지상의 모든 교회 모든 성도는 이 사명을 명심하고 잘 수행해야 한다. 그것이 교회의 존재 목적이며 성도에게 주어진 삶의 목적이기 때문이다. 이 사명을 잘 수행할 때 교회는 하나님의 나라를 맛보고 누리게 되며, 또한 세상을 변화시켜 하나님의 나라를 확장하게 된다. 이 사명을 받들어 잘 수행하는 교회가 교회다운 교회이며 건강한 교회이다.

　'코이디아소그룹'은 "사랑하라"는 가장 큰 계명과 "제자 삼으라"는 지상명령을 가장 효과적으로 수행할 수 있도록 해 주는 사명 공동체이다.

　코이디아소그룹은 아가페 공동체를 실현한다. 하나님을 사랑하고 서로 사랑하는 사람들의 공동체가 된다. 누구든지 그 안에 들어가면 하나님을 사랑하는 분위기에 젖어 들게 되고 하나님을 사랑하며 사는 행복한 삶을 배우고 익히게 된다. 코이디아소그룹 공동체에서 하나님과 함께 하는 삶과 하나님을 잘 섬기는 삶을 체득하게 된다. 구성원들이 기쁨과 슬픔을 함께하고 겸손한 마음으로 서로 섬기는 친밀한 사랑을 나눈다. 그래서 코이디아소그룹은 하나님 사랑과 이웃 사랑을 가장 효과적으로 수행할 수 있는 교회 안의 작은 교회이다.

코이디아소그룹은 약동하는 생명력을 가지고 있다. 건강한 소그룹에는 예수 그리스도를 알지 못하는 사람들을 초청하고 복음을 전하여 영적 새 생명이 탄생하는 일들이 필연적으로 일어나게 된다. 복음전파 사역이 자연스럽게 이루어진다.

그런가 하면 코이디아소그룹은 영적 새 생명을 양육하고 훈련하는 일에 탁월한 환경이 된다. 소그룹 공동체 안에서 자연스럽게 하나님과 함께하는 삶을 배우고 하나님을 섬기는 법을 배우며, 또 서로 사랑하는 삶을 배우면서 성장하고 성숙하게 된다. 다른 사람을 그리스도께로 인도하고 그들을 양육하고 세워주는 일들을 삶으로 배우게 된다.

하나님 사랑, 이웃 사랑, 복음전파, 양육훈련이라는 사명을 가장 효과적으로 이루어갈 수 있는 공동체가 바로 **'코이디아소그룹'**이다. 교회 안의 작은 교회인 코이디아소그룹은 가장 큰 계명으로 주신 '사랑하라'는 사명과 지상명령으로 주신 '제자 삼으라'는 사명을 수행하는 사명 공동체이다.

사명은 짐이 아니라 날개다

많은 사람은 사명을 무거운 짐으로 느끼고 부담스럽게 생각한다. 하지만 우리 주님이 주신 위대한 사명은 하나님께서 우리에게 짐을 지워주신 것이 아니다. "수고하고 무거운 짐진 자들아 다 내게로 오라. 내가 너희를 쉬게 하리라."마11:28고 하신 주께서 다시 우리에게 사명이라는 새로운 짐을 지워주실 리가 없다. 주께서 주신 위대한 사명은 짐이 아니다. 오히려 그것은 우리의 인생을 더욱 풍요롭고 보람되고 가치 있고 복되게 하시기 위해 우리에게 달아주신 날개와 같다.

누구든지 '코이디아소그룹'의 일원이 되기만 하면 사명이 짐으로 느껴지지 않는다. 그 위대한 사명을 주심이 얼마나 큰 은혜이며 큰 복인지를 알게 된다. '사명은 짐이 아니라 날개'라는 것을 분명히 깨닫게 된다.

'교회 안의 작은 교회'인 '코이디아소그룹' 안에 있는 자에게 사명은 짐이 아니라 날개다. 코이디아소그룹에서 한마음으로 사명의 날갯짓을 힘차게 할 때 하나님의 백성들은 하나님 나라의 창공을 훨훨 나는 복을 받고 누리게 된다. 코이디아소그룹은 "사랑하라"는 가장 큰 계명과 "제자 삼으라"는 지상명령을 수행하면서 행복하고 보람되고 가치 있는 인생을 살아가는 삶의 현장이 된다.

1. 하나님께서 우리 그리스도인에게 또 교회에 주신
   사명이 무엇인가?

2. 가장 큰 계명인 '사랑하라'는 사명은 소그룹 안에서
   어떻게 실현되는가?

3. 지상명령인 '제자 삼으라'는 사명은 소그룹 안에서
   어떻게 실현되는가?

4. '사명은 짐이 아니라 날개다'라는 말에 공감하는가?
   소그룹이 '하나님 사랑' '이웃 사랑' '복음전파'
   '양육훈련'이라는 사명에 충실할 때 어떤 분위기가 될
   것 같은가?

3부 코이디아소그룹의 실제

제**5**장

소그룹의 성경적 원리

교회다운 교회, 하나님이 기뻐하시는 교회, 성경적 교회가 되려고 할 때 '교회 안의 작은 교회'인 '코이디아소그룹'이 반드시 필요하다. 그러면 어떤 소그룹이 되어야 하는가? 성경에서 코이디아소그룹의 중요한 원리들을 찾아볼 수 있다.

이드로의 조직 원리

코이디아소그룹의 첫 번째 원리는 '이드로의 조직 원리'에서 찾아볼 수 있다. 모세의 인도로 출애굽에 성공한 이스라엘 백성들은 장정만 60만 명이었다.출12:37; 민1:4; 2:3; 11:21 그래서 성경학자들은 어린이와 여자, 노약자 등을 합한 전체 인원이 약 200만 명 이상 될 것으로 추정한다.

출애굽의 지도자 모세는 넘치는 업무로 탈진상태에 빠졌으며 백성들은 백성들대로 그들의 필요를 공급받지 못하고 지쳐 있었다. 그때 모세의 장인 이드로가 조직 원리를 제시했다. 모세는 그 원리를 따라 백성들을 조직함으로써 자신의 과도한 업무와 백성들의 불만족을 동시에 해소하고 예방할 수 있었다.

그렇게 해서 생겨난 '이드로의 조직 원리'는 모세가 이끄는 광야교회의 조직 구조가 되었으며 광야 40년의 긴 여정 동안 효과적으로 백성들을 다스리며 인도할 수 있는 시스템이 되었다.

광야교회의 조직은 10부, 50부, 100부, 1000부로 이루어졌는데, 가장 기초단위는 10부였으며 그들의 리더를 십부장이라 했다. 그리고 10부가 모여서 50부를 이루었고 그들의 리더를 오십부장이라 했다. 또 50부들이 모여서 100부를 이루었는데 그들의 리더는 백부장이었다. 그리고 최대 단위는 100부들이 모인 1000부였는데 그들의 리더는 천부장이었으며, 그들은 최고 지도자 모세의 수하에 있었다.

장인 이드로의 제안에 따라서 모세는 백성 중에서 능력 있는 사람들 곧 하나님을 두려워하며 진실하며 불의한 이익을 미워하는 자들을 선택하여 천부장과 백부장과 오십부장과 십부장으로 삼았다. 그래서 스스로 처리할 수 있는 작은 일들은 그들이 하고 어렵고 큰일들은 모세에게 가지고 갔다.출18:13-27

피라미드형 구조를 가진 이드로의 조직 원리는 사역을 분산하여 위임함으로써 효율적으로 일을 할 수 있게 해 주며, 단계적으로 조직하여 효과적인 관리가 이루어진다는 차원에서 매우 중요한 것이다. 이드로의 조직 원리는 기존 공동체의 효율적인 관리 구조로써 탁월하다. 우리는 '이드로의 조직 원리'에서 체계적인 조직 구조의 필요성과 사역을 분산하고 위임할 때의 높은 효율성을 배우게 된다.

교회는 체계적인 조직이 필요하다. 하나님의 뜻을 좇아 일사불란하게 같은 마음을 품고 같은 목표를 향하여 달려갈 수 있어야 한다. 목사가 하나님의 말씀을 따라 제시하는 비전을 온 성도가 공유하며 한 방향으로 나아가기 위해서는 체계적으로 조직되어 있어야 한다. 우리의 몸이 정교하고 체계적으로 조직되어 있어서 온전한 일체를 이루고 있듯이 그리스도의 몸인 교회도 그런 공동체가 되어야 한다.

교회는 담임목사 한 사람이 모든 일을 다 할 수 없다. 혹 규모가 작아서 그렇게 할 수 있다고 할지라도 그렇게 하면 안 된다. 교회의 모든 일은 목사가 하고 성도는 관객이나 소비자가 되게 하지 말아야 한다. 교회는 성도에게 사역을 분산하고 위임해야 한다. 그렇게 하는 것이 목사의 직분을 제대로 감당하는 것이다. 목사는 모든 성도를 온전하게 하여 봉사의 일을 하게 하며 그리스도의 몸을 세워가는 직분이기 때문이다.

코이디아소그룹을 통해서 교회는 체계적인 조직 구조를 갖추게 되며, 사역을 분산하고 위임하여 효율적으로 그리스도의 몸을 세워나갈 수 있게 된다.

예수님의 리더십 원리

예수께서 하나님 나라의 복음을 전파하실 때 수많은 무리가 모여들었다. 예수께서는 그 많은 무리를 일률적으로 등거리에 놓고 가르치신 것이 아니다. 수많은 사람에게 진리의 말씀을 강론하시므로 그들을 한꺼번에 제자 삼는 방법을 택하지 않으셨다. 소수의 인원을 가까이 두시고 그들을 제자 삼으셨다. 몰려온 수많은 사람 가운데서 특별히 12명만 뽑아서 그들과 더욱 긴밀한 관계를 맺으시고 함께 생활하시면서 제자 삼으셨다.막3:14-19 그리고 12명의 제자 가운데서 다시 베드로와 야고보와 요한 세 사람을 더욱 가까이에 두시고 특별한 경험을 하게 하시며 가르치셨다.눅8:51; 9:28; 막14:33 또 무리 중에서 70명의 헌신 된 자들을 뽑아 세우시고 그들에게 영적 추수의 일을 맡기셨다.눅10:1 예수께서 십자가에 달리시기 전에 따르던 사람들이 수없이 많았다. 하지만 그중에서 주님의 마지막 명령을 따라 약속하신 성령을 기다려서 마침내 오순절에 성령을 받은 사람들은 120명이었다.행1:15

그러니까 예수님의 가장 가까이에는 세 명의 제자가 있었고, 그다음에는 열두 제자가 있었으며, 그다음에는 70명의 헌신 된 일꾼들이 있었으며, 또 약속을 믿고 기다린 120명의 신실한 믿음의 사람들이 있었다. 그 외에 수많은 무리가 있었다.

'예수님의 리더십 원리'를 정리하면, 소그룹을 만들어 제자 삼는 '집중의 원리', 그들과 함께 생활하며 맨토링Mentoring하는 '동거의 원리', 가까이서부터 순차적으로 영향력을 확장해 가는 '순차의 원리', 제자들에게 또 다른 사람을 제자로 삼으라고 명하시어 리더십을 계승하게 하신 '계승의 원리'라고 할 수 있겠다.

코이디아소그룹은 예수님의 리더십 원리를 따른다. 소수에 집중하여 섬기고, 함께 사는 동거의 원리를 적용하여 친밀한 관계 속에서 양육하고 훈련하며, 가까이서부터 순차적으로 영향력을 확장해 나갈 뿐만 아니라, 나아가 성장하고 성숙한 사람들에게 새로운 소그룹 공동체를 맡겨서 사역하도록 계승한다.

신약성경의 관계 원리

성경의 진리로 볼 때, 타락한 인간 세상에 팽배한 개인주의와 이기주의, 자기중심적 삶은 가장 근본적인 죄이다. 그로부터 온갖 죄와 악한 것들이 표출되어 나온다. 그래서 성경에서는 구원받은 하나님의 백성들이 개인주의와 이기주의, 자기중심적인 삶에서 벗어나 공동체적 삶으로 들어갈 것을 거듭 교훈해 주고 있다.

그것은 성경에서 자주 볼 수 있는 관계원리혹은 "서로"원리에서 잘 드러난다. 이 관계원리는 교회가 어떤 공동체가 되어야 할 것인가를 잘 말씀해 주고 있다. 성경적 교회를 원하고 하나님이 기뻐하시는 교회를 지향한다면 성경의 관계원리를 주의 깊게 살피고 그것을 이루기 위한 노력과 구체적인 대책이 있어야 할 것이다.

성경에서 교훈하고 있는 관계원리의 대의는 **"서로 사랑하라"**는 말씀이다. 그 말씀에 대한 구체적인 실천사항으로 여러 가지 교훈의 말씀을 기록하고 있다. 이곳에 열거하는 성경 구절들을 묵상해보면 교회의 구성원이 서로 어떤 관계를 맺고 어떻게 대해야 하는지를 알게 될 것이다.

소금은 좋은 것이로되 만일 소금이 그 맛을 잃으면 무엇으로 이를 짜게 하리요
너희 속에 소금을 두고 **서로** 화목하라 하시니라 (막9:50)

내가 주와 또는 선생이 되어 너희 발을 씻었으니
너희도 **서로** 발을 씻어 주는 것이 옳으니라. (요13:14)

새 계명을 너희에게 주노니 **서로** 사랑하라 내가 너희를 사랑한 것같이
너희도 **서로** 사랑하라 너희가 **서로** 사랑하면 이로써 모든 사람이
너희가 내 제자인 줄 알리라. (요13:34-35)

내 계명은 곧 내가 너희를 사랑한 것같이
너희도 **서로** 사랑하라 하는 이것이니라. (요15:12)

내가 이것을 너희에게 명함은
너희로 **서로** 사랑하게 하려 함이로라. (요15:17)

그들이 사도의 가르침을 받아 **서로** 교제하고 떡을 떼며
오로지 기도하기를 힘쓰니라. (행2:42)

믿는 사람이 다 함께 있어 모든 물건을 **서로** 통용하고 (행2:44)

믿는 무리가 한 마음과 한 뜻이 되어 모든 물건을 **서로** 통용하고
자기 재물을 조금이라도 자기 것이라 하는 이가 하나도 없더라. (행4:32)

이와 같이 우리 많은 사람이 그리스도 안에서 한 몸이 되어
서로 지체가 되었느니라. (롬12:5)

형제를 사랑하여 **서로** 우애하고 존경하기를 서로 먼저 하며 (롬12:10)

서로 마음을 같이 하며 높은 데 마음을 두지 말고 도리어 낮은 데 처하며
스스로 지혜 있는 체 말라. (롬12:10)

피차 사랑의 빚 외에는 아무에게든지 아무 빚도 지지 말라
남을 사랑하는 자는 율법을 다 이루었느니라. (롬13:8)

그런즉 우리가 다시는 **서로** 비판하지 말고 도리어 부딪힐 것이나
거칠 것을 형제 앞에 두지 아니할 것을 주의하라. (롬14:13)

그러므로 우리가 화평의 일과 **서로** 덕을 세우는 일을 힘쓰나니 (롬14:19)

이제 인내와 위로의 하나님이 너희로 그리스도 예수를 본받아
서로 뜻이 같게 하여 주사 (롬15:5)

그러므로 그리스도께서 우리를 받아 하나님께 영광을 돌리심과 같이
너희도 **서로** 받으라. (롬15:7)

내 형제들아 너희가 스스로 선함이 가득하고 모든 지식이 차서
능히 **서로** 권하는 자임을 나도 확신하노라. (롬15:14)

너희가 거룩하게 입맞춤으로 **서로** 문안하라 그리스도의 모든 교회가
다 너희에게 문안 하느니라. (롬16:16)

그런즉 내 형제들아 먹으러 모일 때에 **서로** 기다리라. (고전11:33)

몸 가운데서 분쟁이 없고 오직 여러 지체가 **서로** 같이 돌보게 하셨으니 (고전12:25)

모든 형제도 너희에게 문안하니 너희는 거룩하게 입맞춤으로 **서로** 문안하라. (고전16:20)

형제들아 너희가 자유를 위하여 부르심을 입었으나 그러나 그 자유로
육체의 기회를 삼지 말고 오직 사랑으로 **서로** 종노릇 하라. (갈5:13)

만일 서로 물고 먹으면 **피차** 멸망할까 조심하라. (갈5:15)

헛된 영광을 구하여 **서로** 노엽게 하거나 서로 투기하지 말지니라. (갈5:26)

너희가 짐을 **서로** 지라 그리하여 그리스도의 법을 성취하라. (갈6:2)

그의 안에서 건물마다 **서로** 연결하여 주 안에서 성전이 되어 가고 (엡2:21)

모든 겸손과 온유로 하고 오래 참음으로 사랑 가운데서 **서로** 용납하고 (엡4:2)

그런즉 거짓을 버리고 각각 그 이웃과 더불어 참된 것을 말하라
이는 우리가 **서로** 지체가 됨이니라. (엡4:25)

서로 친절하게 하며 불쌍히 여기며 서로 용서하기를
하나님이 그리스도 안에서 너희를 용서하심과 같이 하라. (엡4:32)

시와 찬송과 신령한 노래들로 **서로** 화답하며
너희의 마음으로 주께 노래하며 찬송하며 (엡5:19)

그리스도를 경외함으로 **피차** 복종하라. (엡5:21)

너희가 **서로** 거짓말을 하지 말라 옛 사람과 그 행위를 벗어 버리고 (골3:9)

누가 누구에게 불만이 있거든 **서로** 용납하여 피차 용서하되
주께서 너희를 용서하신 것 같이 너희도 그리하고 (골3:13)

그리스도의 말씀이 너희 속에 풍성히 거하여 모든 지혜로 **피차** 가르치며 권면하고
시와 찬송과 신령한 노래를 부르며 감사하는 마음으로 하나님을 찬양하고 (골3:16)

형제 사랑에 관하여는 너희에게 쓸 것이 없음은 너희들 자신이
하나님의 가르치심을 받아 **서로** 사랑함이라. (살전4:9)

그러므로 이러한 말로 **서로** 위로하라. (살전4:18)

그러므로 **피차** 권면하고 서로 덕을 세우기를 너희가 하는 것 같이 하라. (살전5:11)

형제들아 우리가 너희를 위하여 항상 하나님께 감사할지니 이것이 당연함은
너희의 믿음이 더욱 자라고 너희가 다 각기 **서로** 사랑함이 풍성함이니 (살후1:3)

오직 오늘이라 일컫는 동안에 매일 **피차** 권면하여 너희 중에 누구든지
죄의 유혹으로 완고하게 되지 않도록 하라. (히3:13)

서로 돌아보아 사랑과 선행을 격려하며 (히10:24)

오직 선을 행함과 **서로** 나누어 주기를 잊지 말라
하나님은 이같은 제사를 기뻐하시느니라. (히13:16)

형제들아 **서로** 원망하지 말라 그리하여야 심판을 면하리라
보라 심판주가 문 밖에 서 계시니라. (약5:9)

그러므로 너희 죄를 서로 고백하며 병이 낫기를 위하여 **서로** 기도하라
의인의 간구는 역사하는 힘이 큼이니라. (약5:16)

무엇보다도 뜨겁게 **서로** 사랑할지니 사랑은 허다한 죄를 덮느니라. (벧전4:8)
서로 대접하기를 원망 없이 하고 (벧전4:9)

각각 은사를 받은 대로 하나님의 여러 가지 은혜를 맡은
선한 청지기같이 **서로** 봉사하라. (벧전4:10)

젊은 자들아 이와 같이 장로들에게 순종하고

다 **서로** 겸손으로 허리를 동이라

하나님은 교만한 자를 대적하시되

겸손한 자들에게는 은혜를 주시느니라. (벧전5:5)

그가 빛 가운데 계신 것같이 우리도 빛 가운데 행하면

우리가 **서로** 사귐이 있고 그 아들 예수의 피가

우리를 모든 죄에서 깨끗하게 하실 것이요 (요일1:7)

우리는 **서로** 사랑할지니 이는 너희가 처음부터 들은 소식이라. (요일3:11)

그의 계명은 이것이니 곧 그 아들 예수 그리스도의 이름을 믿고

그가 우리에게 주신 계명대로 **서로** 사랑할 것이니라. (요일3:23)

사랑하는 자들아 우리가 **서로** 사랑하자 사랑은 하나님께 속한 것이니

사랑하는 자마다 하나님께로부터 나서 하나님을 알고 (요일4:7)

사랑하는 자들아 하나님이 이같이 우리를 사랑하셨은즉

우리도 **서로** 사랑하는 것이 마땅하도다. (요일4:11)

어느 때나 하나님을 본 사람이 없으되 만일 우리가 **서로** 사랑하면

하나님이 우리 안에 거하시고

그의 사랑이 우리 안에 온전히 이루어지느니라. (요일4:12)

부녀여, 내가 이제 네게 구하노니 **서로** 사랑하자
이는 새 계명같이 네게 쓰는 것이 아니요,
처음부터 우리가 가진 것이라. *(요이1:5)*

교회 안의 작은 교회인 코이디아소그룹은 교회를 향한 성경의 가르침인 관계원리를 따라서 서로 코이노니아와 디아코니아를 실천하는 아가페 공동체이다.

만인제사장의 원리

교회에서 별생각 없이 사용하는 용어 가운데 '평신도'라는 말이 있다. '평신도'는 '성직자'와 구별하여 일반 성도를 지칭하는 말로 사용되고 있다. 간단히 말하면 성직자가 아닌 성도를 일컫는 말이다.

어떤 이는 '평신도'라는 말이 신약성경에 나오는 "하나님의 백성라오스데우 λαὸς θεοῦ"이라는 말에서 "백성"에 해당하는 '라오스λαὸς'를 지칭한 말이라고 한다. 그러나 그렇지 않다. 성경에서 "하나님의 백성"이라는 표현은 모든 믿는 자들을 지칭하는 말로 사용된다. 그것은 성직자와 구별된 일반 성도를 가리키는 말이 아니다. 평신도라는 말은 '라오스λαὸς'가 아니

라 '라이코스$\lambda\alpha\iota\kappa\grave{o}\varsigma$'이다.

성직자들과 구별된 '평신도'라는 말에 대해서는 한스 큉이 쓴 '교회란 무엇인가?'라는 책에 잘 서술되어 있다. 그의 말을 정리해 보면 다음과 같다.

신약성경에서 '라오스'라는 말이 '하나님의 백성'이라는 뜻으로 기독교 공동체에 대하여 그처럼 자주 사용되고 있는데 반하여, '라이코스' 즉 '평신도'^{문외한, 국외자}라는 말이 전혀 없다는 것은 주목할 만한 사실이 아닌가.

그것은 이교도들에게는 '무식한 대중'이라는 뜻이요, 유대인들에게는 사제나 레위인이 아닌 사람이라는 뜻이었다. '라오스'라는 말은 공동체 내부의 사제^{성직자}들과 백성^{평신도}들과의 구별을 뜻하는 것이 아니다. 그것은 모든 백성이 단일한 공동체로 연합되어 있다는 뜻이다. 그리고 그것은 외부와의 구별, 즉 하나님의 백성과 '하나님의 백성이 아닌 사람들'인 '세상'과의 구별을 뜻한다.

'성직자'와 '평신도'의 구별이 확정된 것은 3세기 이후의 일이다. 그때부터 '평신도'라는 말은 교회에서 '성직자' 혹은 '사제'와 구별되는 '일반 신자'를 지칭하는 말로 사용되었다. 그것은 교회가 성직자 중심으로 흘러갔다는 것을 의미한다.

1517년에 시작된 종교개혁 운동은 교회 안에서 '성직자'제사장, 사제와 '평신도'를 구별하는 것을 부인하고 성경의 가르침을 따라 모든 성도가 그리스도 안에서 제사장이라는 만인 제사장의 원리를 천명闡明했다. 그러나 개혁교회는 그 원리를 더 철저하게 밀고 가지 못했다. 그래서 오늘날 교회는 또다시 교역자와 일반 성도를 사역자와 구경꾼혹은 손님으로, 종교적 공급자와 수요자로, 성직자와 평신도로 구분하기에 이르렀다.

이제 우리는 성경의 가르침을 따라서 주 안에서 모든 성도가 제사장이요 사역자이며 성직자라는 것을 더 절실하게 깨달아야 한다. 그리고 모든 성도는 실제의 삶 속에서 제사장성직자의 역할을 해야 한다. 하나님께서는 목사나 전도사와 같은 소위 교역자들에게만 일을 맡기신 것이 아니다. 모든 성도에게 골고루 은사를 주셨고 그것으로 교회를 섬기며 거룩한 제사장으로서 하나님께 예배하며, 세상에서 왕 같은 제사장의 역할을 하게 하셨다.벧전2:5; 2:9

아직도 로마 카톨릭에서는 평신도와 사제제사장, 성직자를 엄격히 구분하고 있다. 그것은 철저하게 비성경적이며 비복음적이다. 예수 그리스도의 복음 안에서는 성직자와 평신도의 구별이 있을 수 없다. 참 제사장이신 그리스도 예수 안에서 모든 성도가 제사장이기 때문이다.

만인 제사장의 원리를 주장하는 것은 특권의식에 젖어 자기들만 제사장인 것처럼 행세하는 교회지도자들을 견제하기 위한 것만이 아니다. 그보다 더 중요한 것은 모든 성도가 스스로 제사장임을 깨닫고 거기에 따르는 권리와 의무가 무엇인지를 바로 알며 그 역할을 충실하게 이행하자는 것이다.

"하나님의 백성"이나 "제사장"은 목회자교역자, 성직자를 포함한 모든 성도를 일컫는 말이다. 그런 의미에서 교회에서 모든 사람은 동등하다. 그러나 직분에 따르는 역할의 구별은 분명히 있다. 그렇다면 목회자의 역할은 무엇인가? 교회에 말씀 사역자를 세우신 목적은 무엇인가?

그가 어떤 사람은 사도로, 어떤 사람은 선지자로,

어떤 사람은 복음 전하는 자로, 어떤 사람은 목사와 교사로 삼으셨으니

이는 성도를 온전하게 하여 봉사의 일을 하게 하며

그리스도의 몸을 세우려 하심이라. (엡4:11-12)

우리가 그를 전파하여 각 사람을 권하고 모든 지혜로 각 사람을 가르침은

각 사람을 그리스도 안에서 완전한 자로 세우려 함이니

이를 위하여 나도 내 속에서 능력으로 역사하시는 이의 역사를 따라
힘을 다하여 수고하노라. (골1:28,29)

목회자는 성도를 온전케 하여 교회를 섬기게 하고 나아가서 그리스도의 몸을 세우는 일을 하는 자이다. 즉 교역자의 주된 역할은 일반 성도와 구별된 제사장 혹은 사제 계급으로서가 아니라 주 안에서 함께 제사장이 된 성도들을 가르치고 훈련하여 그들이 왕 같은 제사장으로서의 사역을 잘 감당할 수 있도록 구비具備시키는 직분이다.

코이디아소그룹 사역은 만인 제사장의 원리를 따라서 전 성도를 사역자로 세우는 지향점을 가진다. 교역자는 성도를 교육하고 훈련하여 코이디아소그룹의 리더인 목자로 세우고, 목자는 교역자와 함께 협력하여 4-10명의 성도를 돌보며 양육하고 훈련하여 그중에서 성숙한 자를 또 다른 리더로 세워서 새로운 소그룹을 이끌게 한다.딤후2:2

교회다운 교회, 하나님이 기뻐하시는 교회, 성경적 교회에는 평신도가 없다. 한 사람도 없어야 한다. 거기에는 오직 제사장성직자들만 있다. '평신도'라는 비성경적 단어는 입에 올리지도 말아야 한다. 코이디아소그룹 사역은 만인 제사장의 원리를 따라서 모든 성도가 제사장의 역할을 제대로 잘 수행할 수 있도록 한다.

성령의 공동체 원리

사도행전 2장에 보면, 예수께서 승천하신 후 오순절 날에 약속하신 성령이 임하신 사건을 기록하고 있다. 거기에 있던 제자들은 예외 없이 성령으로 충만해졌다.

그날이 바로 이 땅에 그리스도의 교회가 세워지고 출발하는 역사적인 날이다. 예수께서 "내 교회"를 세우리라고 하셨던 말씀이 성취된 날이다. 주께서 약속하신 성령을 보내 주심으로 주님의 에클레시아가 탄생했다. 주님의 에클레시아는 성령으로 충만한 성령의 공동체였다.

성령으로 충만했던 초대교회의 모습 속에서 이상적인 공동체의 모델을 볼 수 있다. 코이디아소그룹이 이런 공동체가 될 때 가장 건강하고 능력 있는 교회 안의 작은 교회가 된다. 성령으로 충만한 공동체의 모습이 어떤지를 보자.

① 서로 사랑하는 공동체였다.

42절 "서로 교제하고 떡을 떼며"

44,45절 "모든 물건을 통용하고.....나눠주며"

46절 "집에서 떡을 떼며 기쁨과 순전한 마음으로 음식을 먹고"

② 하나님을 찬양하는 공동체였다.

　　47절 "하나님을 찬미하며"

③ 모여서 기도하는 공동체였다.

　　42절 "오로지 기도하기를 힘쓰니라."

④ 가르치고 배우는 공동체였다.

　　42절 "그들이 사도의 가르침을 받아"

⑤ 모이기를 힘쓰는 공동체였다.

　　46절 "성전에 모이기를 힘쓰고"

⑥ 세상 사람들로부터 칭찬받는 공동체였다.

　　47절 "온 백성에게 칭송을 받으니"

⑦ 믿지 않는 사람들에게 전도하는 공동체였다.

　　47절 "주께서 구원받는 사람을 날마다 더하게 하시니라"

성령으로 충만한 초대교회는 사랑, 찬양, 기도, 교육, 모임, 칭찬, 전도의 특징이 두드러지게 나타났다. 그것은 오늘날도 마찬가지다. 교회가 성령으로 충만하면 이와 같은 특징들이 나타나게 된다.

코이디아소그룹은 성령의 공동체 원리를 따라서 성령으로 충만하여 유무상통有無相通 사랑하며, 하나님을 찬양하고, 기도에 전력을 다하고, 배우기를 즐겨 하며, 모이기를 힘쓰고, 뭇 사람들에게 칭찬 듣는 자들이 되며, 열심히 전도하는 공동체가 된다.

이로써 우리는 성경에서 소그룹의 원리들을 찾아보면서 교회 안의 작은 교회인 소그룹이 어떤 모습을 갖추어야 하는지를 알게 되었다.

코이디아소그룹 사역은 이드로의 조직 원리와 같이 체계적인 조직 구조를 갖추고 사역을 분산하여 위임하며, 예수님의 리더십을 본받아 집중, 순차, 동거, 계승의 원리대로 사역하고, 신약성경의 관계원리를 따라 서로 사랑하고 세워주는 공동체가 되고, 만인 제사장의 원리를 따라 모든 성도가 성직자임을 일깨우고 제사장의 삶을 살도록 하며, 초대교회와 같은 성령의 공동체가 되어서 사랑, 찬양, 기도, 교육, 모임, 칭찬, 전도의 특징들이 강하게 드러나는 소그룹 공동체를 지향한다.

1. 코이디아소그룹 사역은 그 원리를 성경에서 찾고 배우고 적용한다. 그 이유가 무엇이라고 생각하는가?

2. 제시한 소그룹의 성경적 원리 다섯 가지를 각각 설명해 보라.

3. 다섯 가지 원리 중에서 당신이 가장 중요하게 생각하는 것은 무엇인지 나누어 보라.

4. '제5장 소그룹의 성경적 원리'를 읽고 새롭게 깨달은 것이 있다면 무엇인지 나누어 보라.

제6장

소그룹의 정체성과 조직

앞에서 우리는 성경이 말하는 교회가 어떤 것인지를 살펴보았다. 교회는 하나님의 집이며 가족이라고 했다. 교회는 하나님의 성전이라고 했으며, 하나님의 백성이라고 했다. 그리고 교회는 그리스도의 몸이라고 했다. 그런 성경적 교회로 가는 길은 아가페 공동체로서 교회 안의 작은 교회인 코이디아소그룹 뿐이라는 것을 알았다. 그러면 교회 안의 작은 교회인 코이디아소그룹은 현실적으로 어떤 모습이어야 하는가?

정체성

우리는 아가페 공동체인 코이디아소그룹 공동체를 '사랑방'이라고 부른다. '사랑방'의 정체성은 무엇인가? '사랑방'은 성경공부반이 아니다. 기도 모임도 아니다. 친교 모임도 아니다. 전도대도 아니다. 봉사단도 아니다. '사랑방'은 이 모든 것이다. 어느 한 방향으로 치우쳐서는 안된다.

'사랑방'은 잠깐 모였다가 흩어지는 모임Meeting이 아닌 삶을 함께하는 생활 공동체Life Community이다. 사랑방 리더인 '목자'와 구성원인 '가족'들은 모임 시간에만 잠시 만나서 교제하고 헤어지는 것이 아니라 항상 코이노니아와 디아코니아의 삶을 사는 한 집안의 가족들이다. '사랑방'은 주께서 교회에 주신 사명, 즉 '사랑하라'는 가장 큰 계명과 '제자 삼으라'는 지상명령을 수행하는 소그룹 공동체다. 사명은 모든 그리스도인의 존재 목적이다. 그것은 또한 교회의 존재 목적이며 교회 안의 작은 교회인 '사랑방'의 존재 목적이기도 하다. '사랑방'은 하나님을 사랑하고 서로 사랑하는 공동체가 되며, 또 복음전파와 양육훈련에 최선을 다하는 소그룹이다.

조직

우선 교회 안의 작은 교회인 코이디아소그룹 '사랑방'의 구성부터 보자.[13] 사랑방의 조직은 기본적으로 남성그룹과 여성그룹으로 구성하되 필

---

13 사랑방의 조직은 기본적으로 남성그룹과 여성그룹으로 구성하되 필요에 따라서 부부그룹을 구성할 수 있으며 연령대별로 구분한다.

요에 따라서 부부그룹을 구성할 수 있으며 연령대별로 구분한다.

사랑방은 4-10명의 성도로 구성된 생활 공동체이다. 그중에는 리더인 목자가 있으며 그 목자를 도우며 준비하는 예비 목자가 있다. 그리고 사랑방은 모임을 할 때 반드시 빈자리를 마련해 둔다. 그것은 새 가족을 위하여 준비된 자리이다.

코이디아소그룹 '사랑방'의 인원수를 4-10명 단, 부부 사랑방일 경우는 3-6 부부으로 제한한다. 그 이유는 소그룹의 역동성을 충분히 확보하고 친밀한 사랑의 공동체를 이루기 위함이다. 의사소통라인의 수를 계산해 보면, 소그룹의 구성원은 몇 명이 적당한지를 알게 된다.

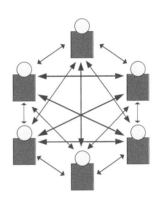

의사소통라인의 수를 계산하는 공식은 CL=N(N-1)/2가 된다. 사람의 수N가 2명이면 의사소통라인CL은 1개이다. 그러나 4명이면 6개가 되고, 6명이면 15개가 되고, 10명이면 45개의 의사소통라인이 생긴다. 따라서 소그룹의 구성원이 10명 이상이 되면 그 관계가 너무 복잡해지므로 의사소통이 제대로 이루어지지 않으며 친밀한 사랑의 공동체가 되지 못한다.

그리고 소그룹이 가지는 여러 가지 좋은 기능들, 소위 '소그룹 역동성Small group dynamics'이 떨어진다. 그러므로 사랑방은 4명부터 시작해서 10명을 넘기지 않는다. 10명이 되면 반드시 5명씩 분방分房하여 번식한다.

사랑방을 3-6개로 묶은 중그룹은 '마을'혹은 전도회이라고 한다.[14] 각 마을은 의미 있고 고유한 이름을 정하며 소속 사랑방들은 마을 이름 뒤에 숫자를 붙여 이름을 정한다. 예를 들면 소망1 사랑방, 소망2 사랑방, 소망3 사랑방 식으로 한다.

'마을'에는 3-6명의 목자를 섬기며 소속 사랑방의 유대와 협력사역을 주관하는 '촌장'혹은 전도회장이 있다. 마을은 사랑방과 같이 매주 모임을 하지 않고 한 달에 한 번혹은 필요할 때 수시로 모임을 가지며 친교코이노니아와 봉사디아코니아 활동이 주된 사역이다.

마을전도회을 3-6개로 묶은 대그룹은 '고을'혹은 부이라고 한다.[15] 예를 들면, 영아부, 유치부, 유년부, 초등부, 중등부, 고등부, 청년부, 장년1부, 장년2부……등으로 조직하며, 각 부는 의미 있고 고유한 고을 이름을 정한다.

---

14 각 마을은 의미 있고 고유한 이름을 정하며 소속 사랑방들은 마을 이름 뒤에 숫자를 붙여 이름을 정한다. 예를 들면 소망1 사랑방, 소망2 사랑방, 소망3 사랑방 식으로 한다.

15 예를 들면, 영아부, 유치부, 유년부, 초등부, 중등부, 고등부, 청년부, 장년1부, 장년2부……등으로 조직하며, 각 부는 의미 있고 고유한 고을 이름을 정한다.

'고을'에는 3-6명의 촌장전도회장과 9-36명의 목자들을 섬기는 '현감'혹은 부장이 있다. 고을은 대그룹으로서 매 주일 모이는 예배공동체이다. 따라서 현감부장은 기쁨과 감사가 넘치고 성령 충만한 예배를 위해서 늘 기도하며 만반의 준비를 한다

그리고 각 고을부이 모여서 전체 교회를 이루며 교회를 섬기는 목사는 각 단계의 리더들목자, 촌장, 현감 등을 훈련하고 양성하며 특별히 교회 공동체의 비전과 방향을 제시하고 이끌어가며 교회의 모든 사역을 조정하는 조정자의 역할을 감당한다.

사역자들과 역할

코이디아소그룹 '사랑방' 사역을 하고자 할 때 가장 중요한 것은 각 단계의 사역자들이다. 사랑방 사역에는 조직에 따라서 사랑방의 '목자'와 마을전도회의 '촌장'전도회장과 고을부의 '현감'부장이 있으며 이 사역 전체를 관장하는 교회의 '목사'가 있다.

그중에서 '목자'는 사랑방 사역에서 가장 중요한 사역자이다. 목자는 사랑방 가족과 함께 소그룹을 아가페 공동체와 제자 삼는 공동체로 이끌

어 가는 자다. 그리고 목사와 상의하여 예비 목자를 선정하고 철저히 훈련하여 분방 시 새로운 사랑방의 목자로 봉사하게 한다.

'촌장'전도회장은 소그룹과 대그룹의 사이를 이어주는 중그룹인 마을전도회의 리더로서 그 마을 소속 목자 중에서 한 명이 맡게 된다. 매년 소속 목자 중 한 명을 촌장으로 임명하는데 임기는 1년이다. 단, 한 목자가 섬기는 사랑방이 분방을 거듭해서 하나의 새로운 마을을 이루게 되었을 때 그는 자동으로 그 새로운 마을의 촌장이 되며 임기는 제한이 없다. 촌장은 소속 사랑방 목자들과 함께 마을 구성원들 상호 간의 친교와 대내외적인 봉사 활동을 주관한다.

'현감'부장은 대그룹 고을府의 리더로서 임명된 현감일 경우 임기는 2년이다. 그리고 고을 소속 촌장 중 자신이 섬기는 마을이 두 번 이상 번식하여 새로운 고을을 형성하면 그는 자동으로 그 고을의 현감이 되며 임기는 제한이 없다. 현감은 예배공동체이기도 한 대그룹 고을府의 구성원을 하나의 공동체로 묶어서 매 주일예배가 은혜와 성령이 충만한 예배가 되도록 준비하며 구성원이 예배에 소홀히 하지 않도록 권면하고 인도한다.

'목사'는 전체 교회 공동체를 섬기는 리더이다. 각 단계의 사역자들을 훈련하여 양성하며, 사역자들이 맡은바 직분을 잘 감당할 수 있도록 지원하고 격려한다. 또 목사는 교회 전체 모임을 인도하며 예배를 주관하고 하나님의 말씀을 강론한다. 그리고 교회 공동체의 사명과 비전을 제시하고 교회의 모든 사역을 조정하는 역할을 한다. 또 목사는 교육훈련, 교회 행정, 심방, 성도 각 개인의 애경사 및 타 교회와의 연합사역 등의 일을 감당한다.

이상과 같이 코이디아소그룹 사역의 사역자들은 목자, 촌장전도회장, 현감부장, 목사가 있다. 이드로의 조직 원리에 의하면 모든 목자는 10부장에 해당한다. 그중에서 촌장전도회장은 50부장에 해당하며, 현감부장은 100부장에 해당한다, 그리고 목사는 1000부장에 해당한다.

조직 구조

교회의 조직 구조는 성경에서 두 모델을 보게 된다. 이른바 **'광야교회 모델'**과 **'초대교회 모델'**이 그것이다. 광야교회 모델을 관리형 구조라고 한다면 초대교회 모델은 지원형 구조라고 할 수 있을 것이다.

모세가 이끌었던 출애굽 공동체인 광야교회의 조직은 기존의 공동체인 이스라엘 백성들을 어떻게 효율적으로 다스릴 것인가 하는 동기에서

나온 조직 구조이다. 그러나 초대교회 조직은 기존의 공동체가 없는 상태에서 새롭게 만들어져 가는 성장기의 조직 구조이다. 광야교회와 같은 관리형 구조가 피라미드형이라면 초대교회와 같은 지원형 구조는 역피라미드형이다.

관리형 구조와 지원형 구조는 각각 그 특징들이 있다. 관리형 구조가 외부 세계에 대하여 폐쇄적이라면 지원형 구조는 개방적이다. 관리형 구조가 안정적이라면 지원형 구조는 역동적이다. 관

관리형 구조	지원형 구조
폐쇄적, 안정적	개방적, 역동적
소극적 / 퇴영적	적극적 / 진취적
다스림의 동기	섬김의 동기
리더는 관리자	리더는 지원자
능력있었던 초대교회는 지원형 구조였다.	

리형 구조가 소극적이고 퇴영적이라면 지원형 구조는 적극적이며 진취적이다. 관리형은 다스림의 동기에서 나온 조직 구조이며 지원형은 섬김의 동기에서 나온 조직 구조이다. 그러므로 관리형 조직에서의 리더는 관리자의 성격을 가지며 지원형 조직에서의 리더는 지원자의 성격을 가진다.

이른바 '소그룹이 있는 교회'와 '소그룹 중심의 교회'는 크게 다르다.

유행을 따라서 소그룹 사역을 하거나 교회의 구색 갖추기 차원에서 소그룹 사역을 하거나 혹은 교회성장이라는 목적을 가지고 소그룹 사역을 하는 경우는 '소그룹이 있는 교회'라고 해야 할 것이다. 이런 교회에서 소그룹 사역은 여러 선택지 가운데 하나가 된다.

그러나 성경이 말하는 교회의 모습을 최대한 닮아가기를 원하고 성경적 교회의 모습인 아가페 공동체를 이루기 원하여서 소그룹 사역을 하는 경우라면 '소그룹 중심의 교회'라고 할 수 있을 것이다. 이런 교회는 소그룹 사역 외에 다른 대안이 없다는 것을 잘 안다. '소그룹이 있는 교회'는 관리형 구조를 선호하고 각 단계의 리더는 관리자의 위치를 점한다. 그러나 '소그룹 중심의 교회'는 지원형 구조를 택하고 각 단계의 리더는 지원자의 위치에서 사역한다.

교회 안의 작은 교회 운동인 코이디아소그룹 사역의 조직 구조는 지원형을 추구한다. 목자는 사랑방을, 촌장전도회장은 마을전도회을, 현감부장은 고을부을, 목사는 전체 교회를 관리하는 자가 아니다. 모든 사역자는 '관리자'가 아니라 각 단계를 지원하는 '지원자'들이다. 이 모든 교회 조직에서 가장 중요한 사역자는 교회 안의 작은 교회인 사랑방을 섬기는 목자이다. 모든 단계의 사역자들은 각 사랑방 사역이 더 건강하고 활발해지도록 지원하는 자들이다.

나눔질문

1. 코이디아소그룹 공동체인 '사랑방'의 정체성을 이야기해 보라.

2. 코이디아소그룹 사역에서 전체 교회는 어떻게 조직되는가? 그리고 사랑방의 구성 인원을 4-10명(3-6부부)으로 제한하는 이유는 무엇인가?

3. 각 단계의 사역자들은 각각 어떤 역할들을 가지는가?

4. 광야교회 모델과 초대교회 모델은 어떤 차이점을 가지는가? 그리고 이 차이점은 어떤 의미가 있다고 생각하는지 나누어 보라.

제7장

소그룹 모임 진행

사랑방은 매주 모일 때마다 2시간에 걸쳐서 '**예배**'와 '**교제**'와 '**양육**'과 '**선교**'라는 네 가지 순서로 진행한다. 이러한 모임의 형식과 흐름은 매우 중요하다. 이것이 지켜지지 않으면 사랑방 모임이 흐트러지거나 그 힘을 상실하게 된다. 모든 사랑방 목자는 이 모임의 형식과 흐름을 철저히 지켜내는 것이 매우 중요하다는 것을 알아야 한다.

예배

사랑방 모임을 시작하면서 30분간 하나님께 찬양과 기도를 올려 드리는 순서가 예배이다. 찬양과 기도는 진실하고 간절해야 한다.

하나님이 받으시지 않는 찬양은 실패다. 먼저 찬양에 성공해야 한다. 형식적인 찬양이 아니라 온 가족이 함께 진실한 찬양을 드려야 한다. 감사와 기쁨과 감격과 눈물이 있는 찬양, 마음을 다한 찬양이 되고 행복한 찬양이 되도록 인도해야 한다.

하나님의 마음을 움직이지 못하는 기도는 실패다. 기도에 성공해야 한다. 메마른 감정으로 형식적인 기도를 하는 것이 아니라 사랑방 가족들이 한마음으로 간절한 기도를 드려야 한다. 간절함이 없는 기도는 진정한 기도가 아니다.

목자는 모든 가족이 하나님께 진실한 찬양과 간절한 기도를 올려 드릴 수 있도록 충분한 준비를 하며 동시에 성령께서 능력으로 함께 하시기를 기도로 준비해야 한다.

교제

찬양과 기도로 예배한 후 30분간 교제의 시간을 가진다. 서먹서먹한 분위기를 깨고 부드럽고 따뜻한 분위기로 만들어야 한다. 필요다면 처음에는 아이스 브레이크Ice Break 자료를 준비하는 것도 좋은 방법이다. 목자는 사랑방 모임이 농담이나 세속적인 이야기로 흐르지 않도록 통제해야 한다. 자연스럽게 마음을 열 수 있는 분위기를 만들고 서로를 더 깊이 알아가는 기회로 활용한다.

교제는 한 주간의 삶을 나누되 특히 감사와 기도 제목을 나누는 시간이다. 사랑방 가족들이 어느 정도 서로를 알고 난 뒤부터는 말씀 묵상QT 나눔과 감사 나눔이 가장 좋은 교제의 방법이 될 것이다.

양육

양육은 교제에 이어 30분간 진행하는 성경공부 나눔 시간이다. 목자는 함께 공부할 내용을 충분히 연구하고 숙지한다. 필요하다면 주일 설교를 다시 들으면서 준비하는 것도 좋은 방법이다.[16]

사랑방에서 나눌 성경공부 교재는 목사가 주일 설교 본문으로 만들어 제공하는 것이 가장 유익하다. 그러면 성도들이 주일설교 말씀을 들을 때

---

16 사랑방에서 나눌 성경공부 교재는 목사가 주일 설교 본문으로 만들어 제공하는 것이 가장 유익하다.
　그러면 성도들이 주일설교 말씀을 들을 때 성경공부 교재에 답을 적을 수 있다.
　그리고 성도가 주일에 들은 말씀을 바로 잊어버리는 경우가 대부분인데,
　그 말씀을 사랑방에서 다시 나누면서 되새기고 삶에 적용하게 되는 놀라운 효과가 있다.

성경공부 교재에 답을 적을 수 있다. 그리고 성도가 주일에 들은 말씀을 바로 잊어버리는 경우가 대부분인데, 그 말씀을 사랑방에서 다시 나누면서 되새기고 삶에 적용하게 되는 놀라운 효과가 있다.

목자는 설명하고 가르치려고 하지 말아야 한다. 사랑방 가족들이 각자 자신의 입으로 말하고 시인하게 함으로써 스스로 깨닫고, 정리하고, 회개하고, 결단하도록 유도해야 한다. 그러기 위해서 여러 형태의 질문을 유효적절하게 사용하는 것이 필요하다.

사랑방 목자는 설교자가 아니라 질문자라는 사실을 잊지 말아야 한다. 목자는 누군가에게 질문했으면 경청해야 한다. 때로는 대답할 때까지 잠시 기다리는 것도 필요하다. 또 질문에는 질문으로 답하는 것을 훈련해야 한다. 목자가 어떤 질문을 받았을 때 성급하게 설명하며 답을 주려고 하지 말아야 한다. 그때는 먼저 질문을 한 사람에게 그것에 대해서 자신은 어떻게 생각하는지 되물어 볼 필요가 있다. 그러고도 해결되지 않으면 다른 사람이 그 질문에 답하도록 하는 것이 좋다.

목자는 질문을 사용하여 토론을 이끌어간다. 각 대상에 따라서 닫힌 질문폐쇄형 질문과 열린 질문개방형 질문을 적절히 배분하는 것이 좋다. 예를 들면, 아직 잘 적응하지 못한 새 가족이나 평소에 자기 의견을 적극적으로 말하지 않는 성격을 가진 사람에게는 단답형으로 대답할 수 있는 질문, 사실을 확인하는 질문을 하는 것이 좋다. 관찰 질문이 그에 해당한다. 그러나 신앙생활을 오래 했고 성경도 어느 정도 알며 이야기를 잘 할 수 있는 사람에게는 느낌, 의견, 생각을 말하도록 하는 질문을 한다. 해석 질문이 그에 해당한다. 성경공부를 할 때는 관찰 질문, 해석 질문, 상관 질문, 적용 질문을 구별하여 효과적으로 사용할 수 있어야 한다.

특히 적용 질문이 중요하다. 적용 질문은 사랑방의 모든 가족에게 빠짐없이 던져야 한다. 적용은 실천 가능한 것을 구체적으로 자신에게 할 수 있도록 도와준다. 적용을 철저히 해야 한다. 적용이 없는 성경공부는 아무 유익이 없기 때문이다. 성경공부의 목적은 전인격적인 삶의 변화다. 목자는 사랑방 가족들의 삶의 변화를 위하여 적용을 잘 할 수 있도록 도와주는 사람이다.

선교

마지막 순서인 '선교'를 소홀히 하지 말라. 역시 30분간 진행한다. '선교'는 전도와 봉사 활동을 위한 토의와 계획과 점검의 시간이다. 목자는 모일 때마다 반드시 빈자리를 마련해 두고 빈자리의 존재를 가족들에게

인식시켜야 한다. '선교' 순서에 바로 그 빈자리의 주인공이 될 사람을 위해 기도해야 한다.

사랑방 가족 한 사람당 5명씩 VIP를 작정하게 하고 목자는 VIP 명단을 만들어 관리한다. VIP는 '가장 중요한 사람'이라는 뜻으로, 작정한 전도대상자를 가리키며 그 사람을 VIP로 모시고 잘 섬기려는 의미를 담고 있다. 사랑방 모임 진행 중 '선교' 시간에는 각자 VIP의 근황에 대하여 나누고 그들을 위해 기도하는 시간을 가진다. 또 VIP를 조속한 시일 내에 사랑방으로 인도할 계획을 세우고 실행한다. 그리고 소속 마을전도회이 시행하는 친교와 봉사 활동에 적극적으로 동참할 이야기를 나눈다.

예배, 교제, 양육, 선교는 어느 한 가지도 소홀히 할 수 없이 중요한 것이다. 따라서 모임 시간이 2시간일 경우에 각각 30분씩 균형을 잡아야 한다. 때로는 어느 정도 융통성을 가지고 운영할 수 있긴 하지만 할 수 있는 한 철저히 지키는 것이 성공적인 사역의 지름길이다. 예배, 교제, 양육, 선교 중 어느 한 가지가 약해지면 그 사랑방은 한쪽이 무너져 내리며 병들게 된다. 당장에는 눈에 띄지 않아도 균형이 무너진 사랑방은 점점 약해져 가며 힘을 잃게 된다.

바닥 면과 네 개의 수직면을 가진 사각 물통이 있다고 생각해 보자. 네

개의 수직면의 높이가 각각 다를 경우에 물은 그중에서 가장 낮은 면까지만 담기게 된다. 예배, 교제, 양육, 선교 중 어느 것이든지 가장 낮은 쪽이 그 소그룹의 수준이 되며 건강도가 된다.

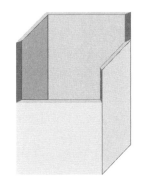

그러므로 목자는 사랑방의 수준을 높이기 위해서 예배, 교제, 양육, 선교 이 네 가지가 균형 있게 이루어지고 있는지를 늘 점검하고 그중에서 가장 약한 부분을 더 강화하기 위해 노력해야 할 것이다.

모임이 진행되는 동안 목자는 모든 상황을 장악하고 있어야 한다. 분위기가 경직되지 않으면서도 질서 있고 정리된 인상을 풍기도록 인도해야 한다. 겸손한 자세를 유지하고 사랑방 가족들의 깨달음에 대해 진심으로 칭찬하고 인정해 주어야 한다.

또 목자는 사랑방 가족들에게 칭찬과 위로와 격려와 감사를 아끼지 않는 사람이 되어야 한다. 그리고 사랑방 가족들의 필요나 감정에 민감하게 반응하는 목자가 되며, 무엇보다 열정적인 목자가 되어야 한다. 유능한 목자보다 열심인 목자가 더 성공적으로 사역을 감당한다.

1. '사랑방' 모임은 어떤 순서로 진행되며 각각의 순서는
   무엇을 하는 시간인가?

2. '예배'와 '교제'에서 각각 중요하게 다루어야 할 핵심은
   무엇인가?

3. '양육'과 '선교'에서 방심하지 말아야 할 것은 어떤
   것들이라고 생각하는가?

4. '예배' '교제' '양육' '선교'를 균형 있게 진행해야 하는
   이유를 말해 보라

제8장

소그룹 전도와 번식

주께서 우리에게 제자 삼으라는 지상명령을 주셨다. 코이디아소그룹 사랑방은 지상명령을 수행하는 사명 공동체다. 주님이 주신 사명은 인생의 날개일 뿐만 아니라 사랑방의 날개이기도 하다. 전도하면 사랑방 사역이 더욱 힘을 얻고 행복해진다.

사랑방 전도

사랑방 전도는 먼저 좋은 관계를 형성한 후에 교회로 인도하여 복음을 듣게 하는 관계 전도

다. 관계 전도는 자기가 알고 있는 사람들을 대상으로 전도대상자VIP를 정하고 꾸준히 그를 위해 기도하며 섬기다가 기회가 되면 그를 주께로 인도한다. 관계 전도의 방법과 순서는 '<u>사랑 ⇒ 인도 ⇒ 양육</u>'이다.

사랑하기

우리가 어떤 사람을 자신의 VIP로 작정한다는 것은 이미 그 사람을 향한 사랑이 시작된 것이다. 그를 구원자 예수 그리스도께로 인도하기 위하여 자신에게서 가장 중요인물로 생각하고 그를 위해 기도하며 섬기는 일은 아름다운 사랑이다. 작정한 VIP와 교제하며 함께하는 코이노니아와 낮아진 자세로 섬기는 디아코니아는 숭고한 사랑이다. 내가 그를 많이 사랑했다고 생각하는 때가 아니라 VIP가 사랑을 충분히 받았다고 인정할 때까지 꾸준히 사랑하는 것이 중요하다. 사랑방 전도는 이런 사랑으로부터 시작된다.

인도하기

사랑하는 VIP를 적절한 때에 아가페 공동체로 인도하는 것이 중요하다. 그를 인도하기 전에 일방적으로 복음을 제시하고 그것을 당장 믿게 만들려고 시도하는 것은 바람직하지 않다. 충분히 그를 사랑하고 자연스럽게 아가페 공동체인 교회로 인도하는 것이 좋다. 적절한 시점에 교회 안의 작은 교회인 사랑방으로 인도하여 사랑방 가족이 되게 하고, 또 적절한 시점에 전체 교회로 인도하여 공동체 예배에 참여할 수 있도록 하면 된다. 그러면 그가 사랑방에서나 공동체 예배를 통해서 복음을 듣게 되고 믿음을 가지게 된다. 인도하는 시기는 개인적으로 어느 때이든지 가능하고, 사랑방에서 특정 날짜를 정하여 함께 시행할 수도 있다. 그리고 특히 교회가 매년 봄과 가을에 두 차례 VIP 153 MISSION[17] 을 시행할 때 인도하는 것도 좋을 것이다.

양육하기

VIP가 사랑방에 인도되면 아가페 공동체 안에서 함께 생활하면서 자연스럽게 예수 그리스도를 알게 되고 믿음이 생긴다. 이 과정에는 이미 예수 그리스도를 믿는 사랑방 가족들의 신앙 간증이 아주 유효하다. 사랑방에서 매번 나누는 신앙생활의 이야기들이 자연스럽게 복음을 전하는 중요한 역할을 하게 된다.

이렇게 탄생한 영적 새 생명은 사랑방 가족들이 함께 양육해 간다. 목자와 가족들은 양육의 부담을 전혀 가질 필요가 없다. 양육도 아주 자연스럽게 이루어진다. 가장 좋은 양육은 '잘 데리고 다니는 것'이다. 사랑방 모임에, 예배의 자리에, 봉사의 자리에, DGS제자성장학교[18]와 같은 양육훈련

---

17 VIP 153 MISSION은 매년 봄과 가을에 시행하는 교회 행사다. 가장 소중한 사람인 전도대상자(VIP)를 한(1) 사람이 다섯(5) 명씩 작정하고 그중에서 세(3) 명 이상 교회로 인도하자는 사명(MISSION) 수행을 위한 행사.

의 자리에, 전도하는 자리에 잘 데리고 다니는 것이 가장 빨리 성숙한 성도가 되게 하는 길이다.

사랑방 전도를 위해 목자는 연초에 가족들이 각각 자기의 VIP를 정할 수 있도록 도와주어야 한다. 그리고 모일 때마다 그 VIP의 근황을 나누고 그들을 위해 기도하는 시간을 가져야 한다. 모임 자리에는 반드시 전도대상자를 위한 빈자리를 만들어 놓고, 가족들이 VIP를 그 자리에 속히 초청할 수 있도록 동기를 부여하며 격려한다.

사랑방 번식

모든 사랑방은 번식을 향해서 달려가야 한다. 간혹 사랑방 가족들이 친밀해진 관계로 인해 분방을 싫어하는 경우가 생기기도 한다. 그러나 그것은 "사랑하라"는 가장 큰 계명에만 순종하고 "제자 삼으라"는 주님의 지상명령을 잊어버렸을 때 나타나는 증상이다. 사랑방이 주님의 지상명령을 위해서 늘 기도하며 '사랑 ⇒ 인도 ⇒ 양육'이라는 사랑방 전도를 열심히 해 나가면 번식의 때는 자연스럽게 다가오며 가족들은 분방을 기쁜 마음으로 받아들인다.

---

18 교회는 매년 봄과 가을에 DGS(제자성장학교)와 LTC(리더훈련코스) 강좌를 연다.

목자는 연초에 사랑방을 시작하면서 가족들과 함께 의논해서 번식_{분방}의 시기에 대한 목표를 반드시 설정해야 한다. 그리고 그것을 위해 온 가족이 끊임없이 기도하게 해야 한다. 목표가 없으면 아무것도 이루어지지 않는다. 기도하지 않으면 목표를 향해 달려갈 힘이 공급되지 않는다. 목표 설정과 기도가 병행될 때 주 안에서 그 일을 이루어낼 수가 있다.

사랑방은 목자를 포함하여 가족 구성원이 10명이 되었을 때 예비 목자를 새로운 사랑방의 목자로 세워 분방한다. 이를 위하여 목자는 사전에 선택한 예비 목자를 충분히 훈련하며 준비해야 한다. 특히 분방 시기가 가까워져 오면 통상 사랑방 구성원이 8명이 되면 예비 목자에게 사랑방 모임을 부분적으로 인도할 기회를 주고 그에 대해서 같이 평가를 하며 실습을 할 수 있도록 한다.

사랑방 분방식은 전 교회적인 축제행사로 진행하는 것이 좋다. 분방식은 매월 첫 주일로 정해놓고 공동체 예배 직후에 분방식을 하며 온 교회가 함께 기뻐하며 하나님께 영광을 올려 드리는 행사가 되게 한다. 사랑방이 번식하여 새로운 사랑방이 탄생하는 것은 교회 안의 작은 교회가 하나 더 생기는 일이므로 아주 소중한 일이다. 목사는 그 의미를 전 교회 성도들에게 설명하고 함께 축하하며 기뻐하는 분위기를 만든다.

1. 사랑방 전도는 어떻게 하는 것인가?

2. '사랑 ⇒ 인도 ⇒ 양육'의 과정에서 당신이 더 잘해야 할 부분은 무엇이라고 생각하는가?

3. 사랑방 번식이란 무엇인가?

4. 사랑방 분방식이 더 감동적인 행사가 되도록 하는 좋은 아이디어가 있으면 이야기해 보라.

제 9 장

소그룹의 운영원칙과 리더의 자기개발

사랑방의 운영원칙

① 사랑방은 주중에 모이는 것이 원칙이다. 단, 부득이한 경우에는 주일에 모일 수도 있다.

② 사랑방은 각 가정을 순회하며 모이는 것이 원칙이다. 그러나 사정이 여의치 않을 때는 목자의 집에서 모이되 일 년에 두 번씩은 각 가정을 순회하는 것이 좋다.

③ 사랑방은 일 년 52주 빠짐없이 매주 모인다. 예를 들면, 휴가철에도 그 주간에 휴가를 가지 않는 가족들끼리 모인다. 매주 모이는 공동체 예배를 쉴

수가 없듯이 사랑방 모임도 쉬는 주가 없어야 한다.

④ 사랑방은 해마다 재편성하지 않는 것이 원칙이다. 사랑방 목자와 구성원은 해가 바뀌어도 그대로 이어진다. 고인 물이 되어서 문제가 발생할 것이라는 우려는 할 필요가 없다. 그것은 다섯 번째 원칙으로 해소된다.

⑤ 한 해 동안 1명도 증원되지 않은 사랑방은 해산하는 것이 원칙이다. 단, 그 사랑방 목자와 가족들이 한마음으로 간곡히 원하면 한 해만 더 연장해 줄 수 있다.

⑥ 마을전도회 모임은 매월 1회 모이는 것이 원칙이다. 단, 필요할 때마다 수시로 모일 수 있다. 고을ﾄ은 매 주일 공동체 예배로 모인다.

⑦ 목자는 예비 목자를 선정한다. 단, 담당 교역자와 상의 후에 확정한다. 목자가 사랑방 가족들과 함께 새로운 사람들을 초청하여 사랑방을 성장시키는 것도 중요하다. 하지만, 그 일은 목자를 길러내는 일과 연동되어야 한다. 목자가 길러져야 사랑방이 번식할 수 있기 때문이다. 사랑방의 가족이 많아져서 번식하려고 해도 분방한 사랑방을 인도할 목자가 준비되어있지 않으면 이루어지지 않는다.

⑧ 목자는 예비 목자를 성숙한 사역자로 준비시킨다. 이를 위하여 목자는 매주 사랑방 모임이 끝난 후에 예비 목자와 함께 사랑방 모임을 평가하는 시간을 가진다. 그 시간을 통해 사랑방을 운영하는 원리와 실제를 함께 나눌 수 있다. 기회를 봐서 예비 목자에게 모임 진행 시 예배, 교제, 양육, 선교 중 한 부분씩 혹은 전체를 맡겨서 인도하게 한다. 특히 분방을 앞두고는 반드시 실습을 충분히 시켜야 한다.

⑨ 목자는 매주 전화나 문자 혹은 대면하여 사랑방 가족들과 일대일의 접촉을 반드시 한다. 각 개인의 형편을 살핀 후 칭찬, 위로, 격려, 감사하며 그를 도와주는 자가 되며, 목자보고서에 기록하고, 필요할 경우에는 목사의 도움을 요청한다.

⑩ 목사는 매주 목자모임GDM을 인도하며 모든 목자는 빠짐없이 참석해야 한다. 예비 목자는 분방하기 4주 전부터 참석한다.

목자의 자기개발

코이디아소그룹 사랑방의 리더인 목자는 영적으로 성숙한 자가 되어야 한다. 목자는 믿음이 굳건한 자들이어야 하며, 사명감이 투철한 자들이어야 한다. 그래서 예수 그리스도를 본받아 선한 목자가 되기 위해 끊임없이 노력하고 애쓰는 자가 되어야 한다.

믿음을 점검하라

사랑방 목자는 자신이 확고한 믿음의 사람인지 아닌지 늘 점검해야 한다. 사랑방 가족들의 영적 생활을 이끄는 리더이기 때문이다.

믿음을 여러 가지로 정의할 수 있을 것이다. 하지만 가장 간단명료하게 정의한다면, '믿음은 주인 바꾸기'다. 예수 그리스도를 만나기 이전의 내 삶을 좌우했던 주인을 버리고, 이제는 성 삼위 하나님을 나의 새로운 주인으로 영접하는 것이 믿음이다.

믿음의 사람은 이전에 내 인생의 주인 노릇을 했던 모든 것이 다 헛된 우상이었다는 것을 알게 된 자다. 우상은 하나님이 아닌 것을 하나님으로 인정하고 섬기고 순종하는 대상이다. 자신의 삶이 어떤 것에 의해 지배당하고 조정 당한다면 그것이 바로 우상이다. 그것은 어떤 종교에서 섬기는 신神일 수도 있다. 또 어떤 이데올로기가 우상이 될 수도 있고, 재물 Mammon이 우상이 될 수도 있고, 심지어 자기 자신이 우상이 될 수도 있다. 믿음은 그 모든 것을 다 버리고 이제는 오직 하나님만 믿고 따르며 섬기는 것이다. 목자는 그런 믿음이 충만한 자가 되고, 그 믿음을 가진 자에게 약속된 하나님 나라의 복과 은혜를 받아 누리며 그것을 간증하고 전해주는 자가 되어야 한다.

사명을 확인하라

목자는 주께서 주신 사명을 수시로 확인해야 한다. 목자는 주어진 사명을 짐으로 생각하지 않고 오히려 자신의 인생을 더욱 풍요롭게 하는 날개라는 사실을 알아야 한다.

주께서 우리에게 **"사랑하라"**는 가장 큰 계명과 **"제자 삼으라"**는 지상명령을 사명으로 주셨다. 그것은 우리에게 짐을 지워주신 것이 아니다. 우리가 구원의 은혜와 복을 더 풍성히 누리도록 하시기 위하여 달아주신 날개다. 목자는 이 사실을 분명히 깨닫고 사명의 날갯짓을 힘차게 하는 자다. 그래서 사명을 감당할 때 주어지는 복과 은혜를 먼저 맛보고 경험하고 누리면서 사랑방 가족들을 그 복된 길로 인도한다. 사명은 짐이 아니라 날개라는 생각으로 사역에 임하는 목자는 자신이 먼저 행복해진다. 그리고 그의 가정이 행복해진다. 또 그런 목자는 교회를 행복하게 한다. 나아가 세상에 하나님 나라를 회복하고 확장하는 일에 쓰임 받는 주님의 일꾼이 된다. 사명은 짐이 아니라 날개다.

선한 목자이신 예수를 본받아라

사랑방 목자가 점점 더 선한좋은, 훌륭한 목자가 되려면 선한 목자의 모델이신 예수님을 본받는 자가 되어야 한다.

예수님은 스스로 "나는 선한 목자라"요10:11,14고 하셨다. 선한 목자이신 주님을 보면 사랑방 목자가 무엇을 어떻게 해야 하는지를 알게 된다.

첫째, '사역의 목적'은 양들이 생명을 얻고 더욱 풍성히 얻게 하려 함이었다.

그러므로 예수께서 다시 이르시되 내가 진실로 진실로 너희에게 말하노니 나는 양의 문이라. 나보다 먼저 온 자는 다 절도요 강도니 양들이 듣지 아니하였느니라. 내가 문이니 누구든지 나로 말미암아 들어가면 구원을 받고 또는 들어가며 나오며 꼴을 얻으리라. 도둑이 오는 것은 도둑질하고 죽이고 멸망시키려는 것뿐이요 내가 온 것은 양으로 생명을 얻게 하고 더 풍성히 얻게 하려는 것이라. 요10:7-10

도적질하고 죽이고 멸망시키려는 도적과 강도에 비하여 주님은 양들에게 "구원"과 "꼴"과 "생명"을 얻게 하신다. 사랑방 목자가 행하는 사역의 목적도 사람들로 생명을 얻게 하고 더욱 풍성히 얻게 하는 것이어야 한다.

둘째, '사역의 자세'는 양을 위한 헌신적 돌봄이었다.

나는 선한 목자라 선한 목자는 양들을 위하여 목숨을 버리거니와 삯꾼은 목자도 아니요 양도 제 양이 아니라 이리가 오는 것을 보면 양을 버리고 달아나나니 이리가 양을 물어가고 또 헤치느니라. 달아나는 것은 그가 삯꾼인 까닭에 양을 돌보지 아니함이나 요10:11-13

삯꾼 목자는 이리가 오는 것을 보면 양들을 버리고 달아난다. 그러나 선한 목자이신 주님은 양들을 지키기 위하여 자기 목숨이라도 버릴 만큼 헌신적으로 돌본다. 사랑방 목자도 사랑방 가족들을 위하여 목숨이라도 내어놓을 각오로 헌신하는 목자가 되어야 한다.

셋째, '사역의 방법'은 양과 목자 간의 친밀한 사랑의 관계이었다.

나는 선한 목자라 나는 내 양을 알고 양도 나를 아는 것이 아버지께서 나를 아시고 내가 아버지를 아는 것 같으니 나는 양을 위하여 목숨을 버

리노라. 요10:14-15

　주님은 그것이 삯꾼과 다른 점이라고 하셨다. 사랑으로 돌보는 선한 목자는 양을 알고 양도 목자를 안다. 주님은 양과 목자의 친밀한 사랑의 관계를 성부와 성자의 관계로 설명하셨다. 사랑방 목자도 사랑방 가족과 친밀한 사랑의 관계로 나아가야 할 것이다.

넷째, '사역의 비전'은 하나님 나라의 확장이었다.

　또 이 우리에 들지 아니한 다른 양들이 내게 있어 내가 인도하여야 할 터이니 그들도 내 음성을 듣고 한 무리가 되어 한 목자에게 있으리라. 내가 내 목숨을 버리는 것은 그것을 내가 다시 얻기 위함이니 이로 말미암아 아버지께서 나를 사랑하시느니라. 이를 내게서 빼앗는 자가 있는 것이 아니라 내가 스스로 버리노라 나는 버릴 권세도 있고 다시 얻을 권세도 있으니 이 계명은 내 아버지에게서 받았노라 하시니라. 요10:16-18

　주님은 우리pen에 들지 아니한 다른 양들도 인도하실 것이라고 말씀하셨다. 그것은 이방 선교의 비전이었다. 목자는 이미 곁에 있는 사랑방 가족뿐 아니라 밖에 있는 불신자들을 사랑방으로 인도하는 일에 최선을 다해야 한다.

성공적인 사역을 위하여

목자는 성공적인 사역을 위하여 꼭 필요한 것을 놓치지 말아야 한다. 목자는 먼저 효과적인 소그룹 인도법을 끊임없이 연구 개발할 필요가 있다. 이미 앞서 경험한 사람들의 책을 참고하면서 스스로 실천을 통해서 몸에 익히는 것이 좋다.

목자는 사랑방 사역을 위해 매일 기도하는 것을 잊지 말아야 한다. 기도 사역에 실패하면 성공적인 사랑방 사역을 기대할 수 없다. 반대로 기도 사역에 성공하면 사랑방 사역이 실패할 수가 없다.

모든 목자는 목사와 함께하는 목자모임GDM: Good Disciples' Meeting을 생명같이 여겨야 한다. GDM에 참석하는 것은 사역자가 영적으로 재충전하는 일이다. 그리고 GDM은 교회 안의 작은 교회인 코이디아소그룹이 전체 교회에 연합하여 한 몸이 되는 연결고리이다.

목자는 매주 '목자보고서'를 양식대로 철저히 작성하여야 한다. 보고서를 빠짐없이 작성하면서 자연스럽게 자신의 사역을 세밀히 살피게 된다. 그래서 자기가 잘하고 있는 것과 잘못하고 있는 것이 무엇인지를 알게 된다. 성실하게 작성된 목자보고서는 목사와 목자가 사랑방 사역을 동역할 수 있게 해 준다.

목자는 성경통독과 말씀 묵상QT, 새벽혹은 저녁 기도, 공 예배 참석 등 기본적인 자기관리에 빈 구석이 없어야 한다. 목자가 신앙생활의 기본을 잘 지키면서 사랑방 가족을 인도할 때 성공적인 사역이 될 것이다.

교회에는 언제나 세 종류의 사람이 있다. 그것은 교회 안의 작은 교회인 사랑방도 마찬가지다. 영적인 어린아이가 있고 청년이 있고 아비가 있다요일2:12-14. **어린아이**는 하나님의 자녀가 되기는 했지만, 아직도 세상의 유혹을 이기지 못하고 때때로 실패에 빠지는 자들이다. 누군가가 도와주지 않으면 바로 서지 못하는 사람이다. 그러나 **청년**은 이제 비로소 홀로 서기가 가능한 자들이다. 스스로 세상의 유혹을 떨쳐버릴 수 있으며 악에게 지지 않고 이기는 자들이다. 그리고 **아비**에 해당하는 자는 악을 이길 뿐만 아니라 영적 재생산이 가능한 사람이다. 그는 자신을 지킬 능력을 가지고 있을 뿐 아니라 새로운 생명을 탄생시키며 어린아이를 돌보며 양육하는 자들이다.

목자는 영적 아비들이다. 자신이 섬기는 사랑방에 끊임없이 새 생명이 탄생하도록 노력하고, 영적 어린아이를 양육하여 청년이 되게 하며, 청년을 훈련하여 재생산이 가능한 아비가 되게 해야 한다.

목자는 교사가 아니라 인도자다. 가르치는 자가 아니라 이끌어 주는 자라는 것을 기억해야 한다. 무엇을 가르치려고 할 것이 아니라 그들을 옳은 길로 잘 인도하는 자가 되어야 한다.

목자는 관리자가 아니라 사랑의 천사다. 사랑방 가족을 향한 관심과 그들에 대한 이해와 배려, 그리고 그들과 동행하는 사랑이 가장 중요하다. 말과 혀로만 하지 말고 행함으로 사랑을 베풀어야 한다. 목자의 심정으로 희생하는 사랑과 기다리는 사랑이 더해지지 않으면 열매를 기대할 수 없다. 때로는 엄한 아버지처럼 또 때로는 자애로운 어머니처럼 사랑해야 한다. 이러한 사랑이야말로 코이디아소그룹 사랑방 사역의 기초요 모든 것이다. 영혼에 대한 애정 없이 역동적인 사랑방을 이끌 수는 없다.

목자는 사랑방 사역의 기술자가 아니라 영적 리더다. 따라서 하나님과 함께하는 경건의 시간말씀과 기도을 소홀히 하지 않아야 한다. 기술과 잔재주로 사람을 변화시키고 성장하도록 도울 수는 없다. 매일 매일 경건의 시간, 말씀 앞으로 가까이 나가서 주님의 영광을 보고 주님과 교제하며 주님을 닮아가는 시간, 이러한 영성이 사랑방 사역의 기초가 되어야 한다.

목자는 입으로가 아니라 몸으로 사역하는 자이다. 모범을 보여야 한다. 사랑방 가족들은 목자의 말을 듣고 배우는 것보다 목자의 삶을 보고 배우는 것이 더 많다. 큰 모임과는 달리 작은 모임의 구성원들은 리더의 입을 통해 전달되는 것보다 리더의 인격과 태도와 삶의 모습을 통해 훨씬 큰 영향을 받는다. 나와 닮은 사람을 만든다는 것은 참으로 두려운 일이다. 그러므로 사랑방 목자들이 먼저 자문해야 할 것은 '나는 어떤 사람인가?'라는 질문일 것이다.

목자는 누구나 할 수 있다. 그러나 아무나 할 수 있는 것은 아니다. 정말 행복하게 사역할 수 있다. 그러나 쉽게 할 수 있는 것은 아니다. 한 사람이 치유되고 변화하며 성장하는 것을 보는 것은 이 세상 그 어떤 일보다 보람 있고 의미 있는 일이다. 그것은 코이디아소그룹 사랑방 사역의 본질이다. 사랑방 사역을 통해서 그리스도의 몸인 교회가 친밀한 사랑의 공동체로 세워지며 그 안에서 개인은 치유되고 성장하고 성숙해진다. 잘 준비된 목자를 통해서 하나님께서는 큰일을 이루어 가신다.

이 영광스러운 은혜의 사역을 위해 부름받은 하나님의 사람들이 주어진 사명을 감사함으로 감당해 나갈 때 그 걸음마다 주께서 항상 함께하실 것이다.

교회 안의
작은 교회 이야기
소그룹 사역 안내서

초판발행 2024년 1월 10일
지 은 이 김종우 목사
발 행 처 코이디아
출   판 도서출판 지혜로운
출판등록 2011년 11월 10일 제327-2011-08호
주   소 부산광역시 북구 의성로122번길 27
문   의 김정희 전도사 010.9385.1513
이 메 일 koidiakim@gmail.com

ISBN 979-11-86247-12-9